GRAND
TEXTE

sous la direction de Céline Thérien

Le Cid

Corneille

Notes, questionnaires et synthèses
adaptés par **Éléonore ANTONIADÈS,**
professeure au Cégep Marie-Victorin

établis par **Anne AUTIQUET,**
agrégée de Lettres classiques, professeure en I.U.F.M.,
et **Armelle VAUTROT–ALLÉGRET,** certifiée de Lettres
modernes, formatrice I.U.F.M. et conseillère pédagogique

Texte conforme à l'édition de 1682

LES ÉDITIONS
CEC

9001, boul. Louis-H.-La Fontaine, Anjou (Québec) Canada H1J 2C5
Téléphone: 514-351-6010 • Télécopieur: 514-351-3534

Direction de l'édition
Isabelle Marquis

Direction de la production
Danielle Latendresse

Direction de la coordination
Rodolphe Courcy

**Charge de projet
et révision linguistique**
Nicole Lapierre-Vincent

Correction d'épreuves
Marie Théorêt

Conception et réalisation graphique
Interscript

Illustration de la couverture
Catherine Gauthier

Les Éditions CEC inc. remercient le gouvernement du Québec de l'aide financière accordée à l'édition de cet ouvrage par l'entremise du Programme de crédit d'impôt pour l'édition de livres, administré par la SODEC.

Le Cid, collection *Grands Textes*

© 2009, Les Éditions CEC inc.
9001, boul. Louis-H.-La Fontaine
Anjou (Québec) H1J 2C5

Dépôt légal: 2009
Bibliothèque et Archives nationales du Québec
Bibliothèque et Archives Canada

ISBN 978-2-7617-2828-7

Imprimé au Canada
2 3 4 5 6   19 18 17 16 15

Imprimé sur papier contenant 100 %
de fibres recyclées postconsommation.

Édition originale Bibliolycée
© Hachette Livre, 2005, 43 quai de Grenelle, 75905 Paris Cedex 15, France.
Tous droits de traduction, de reproduction et d'adaptation réservés pour tous pays.

Sommaire

Présentation 5

Corneille, toujours actuel

Corneille, sa vie, son œuvre 10
    La jeunesse de Corneille 10
    L'ascension littéraire 10
    La querelle du *Cid* 11
    Un auteur prolifique 13
    Le déclin de Corneille 14

Description de l'époque: la France du XVIIᵉ siècle 15
    Quelques renseignements préliminaires 15
    Les contextes politiques et religieux 16
    Tableau des contextes politique et religieux des œuvres de Corneille 17
    Le contexte social 20
    Liens du *Cid* avec la description de l'époque 21
    Les contextes littéraire et artistique 23
    Les courants littéraires et artistiques au XVIIᵉ siècle 25
    Tableau comparatif des courants littéraires et artistiques 26

Présentation de la pièce 28
    Le Cid, une œuvre baroque 28
    Le Cid sur la voie du classicisme 30

Corneille en son temps 31
    Chronologie 32

Le Cid (texte intégral)

Personnages 38
Acte I 39
Acte II 57
Acte III 81
Acte IV 101
Acte V 121
Test de première lecture 138

L'étude de l'œuvre

Quelques notions de base 140
    Tableau des formes dramatiques au XVIIᵉ siècle 143
L'étude de l'œuvre par acte en s'appuyant sur des extraits 147
L'étude de l'œuvre dans une démarche plus globale 170
Sujets d'analyse et de dissertation 174

Glossaire 177
Bibliographie, discographie, filmographie 180

**Pierre Corneille (1606-1684),
sanguine de Gaston Morel (1895).**

PRÉSENTATION

Aux yeux d'un étudiant québécois, quel intérêt peut présenter Le Cid *de Corneille, daté du XVIIe siècle?*

Dans *Le Cid*, Corneille a voulu mettre tout l'enthousiasme, la passion et la fougue qui animent une jeunesse prête à se sacrifier pour un idéal. Aucun étudiant québécois ne peut rester indifférent à l'ardeur de Rodrigue et de Chimène et à la grandeur de leur amour contrarié. Sainte-Beuve l'avait bien senti en disant:

> «Un jeune homme qui n'admirerait pas *Le Cid* serait bien malheureux; il manquerait à la passion et à la vocation de son âge.» (Sainte-Beuve, 1832)

Pierre Corneille perpétue la vague baroque et puise dans les valeurs médiévales en présentant, en 1636, une tragicomédie, *Le Cid*, qui obtient un énorme succès à Paris. En s'inspirant d'un drame espagnol[1] en dépit du fait que la France est en guerre avec ses voisins, et en exaltant le duel dans cette pièce, le dramaturge défie l'autorité du cardinal de

Version musicale du *Cid*, illustration romantique de Célestin Nanteuil.

---

1. Un drame de Guilhem de Castro, intitulé *La jeunesse du Cid*.

Richelieu, ministre de Louis XIII. Il y présente aussi des héros espagnols alors que la France vient de perdre la Picardie[2] aux mains de l'Espagne. On voit bien que Corneille n'hésite pas à s'opposer à la politique du cardinal. Ne vivons-nous pas perpétuellement cette situation, et particulièrement au Québec ? Les artistes ne doivent-ils pas toujours défendre l'importance de la culture et, même, manifester publiquement leur désaccord quand les politiques gouvernementales manquent de vision à long terme ?

Au moment de sa représentation, ce chef-d'œuvre provoque une querelle passionnée entre les adeptes de la tragicomédie et les défenseurs du classicisme. Boileau, quant à lui, témoigne ainsi du succès de la pièce auprès du public :

« En vain contre *Le Cid* un ministre se ligue,

Tout Paris pour Chimène a les yeux de Rodrigue ;

L'Académie en corps a beau le censurer :

Le public révolté s'obstine à l'admirer. »

Boileau, *Satire IX.*

Par ailleurs, bien que la tragicomédie ne soit plus aujourd'hui un genre pratiqué comme tel, les valeurs universelles que *Le Cid* véhicule défient le temps. En effet, le conflit entre l'amour et les contraintes du devoir est tout à fait d'actualité. Les couples qui divorcent alors qu'ils ont déjà fondé une famille vivent ce cas de conscience et sont déchirés entre le plaisir personnel et le bien-être familial. Rodrigue et Chimène ont inspiré les plus grandes vedettes, depuis Gérard Philipe[3] et

---

2. La Picardie est une région frontalière du sud de la France ; elle a souffert à plusieurs reprises d'invasions espagnoles.
3. Acteur français (1929-1959), jeune premier, au talent fait de charme et de fougue. Son interprétation du Cid allait lui valoir la consécration du grand public.

Maria Casarès[4] à Charlton Heston[5] et Sophia Loren[6]. Ces deux jeunes amants ont même servi de protagonistes* à une audacieuse mise en scène flamenco, présentée par Thomas Le Douarec[7], où la sensualité et la passion sont exprimées sur fond de tauromachie. Même si sa création date de près de quatre cents ans, *Le Cid* inspire actuellement de nouveaux metteurs en scène du Québec, grâce à sa puissance dramatique* et à la grandeur des sentiments évoqués. L'un d'eux, Gervais Gaudreault, a produit cette pièce de théâtre au Trident, en 2004. Hélène Florent, la jeune interprète du rôle de Chimène, confie son ravissement : « On aurait envie de voir exister encore les belles valeurs d'amour et d'honneur représentées dans *Le Cid*, et de les voir se multiplier à la puissance mille. »

---

4. Comédienne d'origine espagnole (1922-1996). Elle a été engagée à la Comédie-Française.
5. Acteur, réalisateur et scénariste américain (1923-2008). Un des symboles du cinéma américain des années 1960. Il obtient l'Oscar du meilleur acteur pour son interprétation dans le film *Ben Hur*.
6. Actrice italienne (1934-). Elle a été la grande vedette du cinéma italien d'après-guerre.
7. Il est metteur en scène, comédien et auteur français (1970-).

* : *Cf.* Glossaire

Corneille,
toujours actuel

Pierre Corneille, portrait gravé par Thomas Woolnoth (1785-1857).

Corneille, sa vie, son œuvre

Faut-il connaître la vie de Corneille pour comprendre la pièce ?

La jeunesse de Corneille

Pierre Corneille naît en 1606, à Rouen, deuxième ville du royaume, qui copie Paris notamment par l'animation de ses salons mondains et littéraires. À la suite de brillantes études au collège des Jésuites, Corneille s'oriente vers le droit et devient avocat stagiaire au parlement de Rouen. On raconte qu'à cause de sa timidité, il n'a plaidé qu'une seule fois. Son génie le porte ailleurs : inspiré par la jeune Catherine Hue dont il est épris, il lui dédie ses premiers vers, mais, à défaut de fortune personnelle, son mariage avec elle ne sera pas possible.

L'ascension littéraire

En 1628, son père lui achète deux charges d'avocat du roi. Ce sont des fonctions purement administratives qui assurent des revenus modestes à l'écrivain. Cependant, la littérature l'emporte : Corneille préfère fréquenter les bibliothèques et les théâtres de Rouen plutôt que de se consacrer à sa carrière juridique. De 1629 à 1636, il compose plusieurs comédies, telles que *La galerie du Palais*, *La veuve*, *La Place royale* et *Mélite*, qui assoient sa réputation. Impressionné par son succès, Richelieu, ministre de Louis XIII, l'enrôle dans la société des auteurs qu'il a chargée d'écrire des pièces de théâtre fondées sur des scénarios qu'il aura lui-même imaginés.

Inspiré par une œuvre de Guilhem de Castro, dramaturge espagnol, Corneille écrit *Le Cid* et en donne une première représentation en 1637. Applaudi par le public parisien et félicité par le roi, il voit la gloire rejaillir sur sa famille puisque Richelieu anoblit son père.

La présentation de cette pièce suscite une controverse, où interviennent l'Académie française récemment constituée, le cardinal de Richelieu et des concurrents du dramaturge, et, notamment, Jean Mairet et Georges de Scudéry, qui déclenchent ainsi une virulente polémique. C'est la querelle du *Cid*.

La querelle du Cid

Le triomphe du dramaturge soulève la jalousie de quelques poètes médiocres, mais aussi celle de Richelieu lui-même, qui émet alors des réserves devant une pièce qui montre les mérites d'une ennemie de la France, l'Espagne. De plus, l'intrigue est construite sur des duels qui relèvent de la tradition médiévale; or, ces combats singuliers sont interdits en France depuis peu, sur ordre de Richelieu. Les arguments invoqués lors de cette querelle sont aussi de nature littéraire: les concurrents et l'Académie française reprochent surtout à Corneille de n'avoir pas suivi la règle des trois unités* de la tragédie classique, édictée par cette académie. Dans la première version, l'intrigue paraît excéder une seule journée: ainsi, la pièce ne respecte pas l'unité de temps. Les unités de lieu et d'action sont aussi contournées: on se déplace

Règle des trois unités

Principe d'unité d'une pièce classique se déclinant en trois règles: l'unité d'action (qui concentre l'action sur l'intrigue principale), l'unité de temps (qui resserre les faits dans les limites de 24 heures), l'unité de lieu (qui installe l'action dans un espace unique et polyvalent).

*: *Cf.* Glossaire

LE CID

TRAGI-COMEDIE·

Ex libris Recollectorum conventus Parisiensis

CVRVATA RESVRGO

A PARIS,

Chez A V G V S T I N C O V R B E', Imprimeur & Libraire de Monſeigneur frere du Roy, dans la petite Salle du Palais, à la Palme.

M. DC. XXXVII.
AVEC PRIVILEGE DV ROY.

Après bien des débats, la querelle du *Cid* aura contribué à fixer les règles du théâtre classique, puisque Corneille, mais aussi Molière et Racine s'y conformeront désormais.

notamment de la maison de Chimène à celle de l'Infante, et le drame amoureux de cette dernière semble se greffer artificiellement à l'histoire principale. Mais l'œuvre étant acclamée par le Tout-Paris, Richelieu est contraint de mettre fin au débat. Le grand mérite de Corneille n'est-il pas d'exprimer, mieux que tout autre auteur, la sensibilité passionnée d'un public noble, qui se reconnaît dans les valeurs de ce jeune héros, avide d'honneur ?

- La pièce de théâtre *Le Cid* est une tragicomédie : sa fin est heureuse, son sujet est romanesque, le respect des unités y est assez lâche, et la forme de ses vers est irrégulière.
- Corneille est un écrivain polyvalent ; on peut parler chez lui de l'évolution des formes, puisqu'il passe de l'écriture de comédies à des pièces de théâtre à machines*, à la tragi-comédie et, enfin, à la tragédie.
- Corneille est un écrivain charnière qui fait la transition entre les valeurs du courant baroque, dont relève la tragicomédie, et celles du classicisme, illustrées particulièrement dans la tragédie. Il vit aussi à une époque charnière en France ; en effet, le royaume est en train de s'unifier sous la férule d'un roi – en réalité, sous celle de son puissant ministre – en quête de pouvoir absolu particulièrement sur les nobles qui, auparavant seigneurs de la guerre, se combattaient les uns les autres.

À retenir

Un auteur prolifique

Meurtri d'avoir été la cible d'autant d'attaques, Corneille ne propose plus de pièces, et ce, pendant trois ans, soit de 1637 à 1640. Puis, quand il recommence enfin à écrire, c'est pour présenter des œuvres sobres, conformes aux règles du classicisme, c'est-à-dire s'appuyant sur les principes du philosophe grec, Aristote : *Horace* et *Cinna* en 1640 et en 1641, *Polyeucte* en 1642, la tragédie *Rodogune* et la comédie *Le menteur* en 1644. Toutes ces pièces de théâtre triomphent sur la

Pièces à machines

Pièces à grands spectacles qui traitent souvent de sujets tirés de la mythologie, accompagnées de musique, comportant des changements de décors et des effets de mise en scène.

* : *Cf.* Glossaire

scène française, ce qui vaut à Corneille l'honneur d'être reçu à l'Académie française en 1647.

L'année suivante, la tragédie *Nicomède* déplaît au ministre Mazarin qui retire au dramaturge sa charge de procureur, laissant Corneille sans revenu. L'auteur interrompt de nouveau sa production dramatique pour se consacrer à la traduction d'un texte latin, *L'imitation de Jésus-Christ*. De puissants mécènes lui permettent toutefois de retrouver les chemins de l'inspiration et du succès. Dorénavant installé à Paris, il connaît une renommée flatteuse, ses partisans le surnommant même « le prince des auteurs ».

Le déclin de Corneille

Vraisemblance

Le dramaturge ne doit pas montrer ce qui s'est réellement passé, mais ce à quoi on peut s'attendre, selon l'idée que l'on se fait du vrai, en respectant la bienséance.

Bienséance

Usages à respecter, dans une pièce classique, pour ne pas heurter les goûts et les préjugés du public, en évitant paroles, situations et idées qui peuvent choquer.

Molière et Racine, d'une génération plus jeune, supplantent bientôt Corneille dans l'estime du public. Le premier cherche à élever la comédie au rang d'un genre prestigieux en faisant en sorte que le rire porte à la réflexion. Le second traduit mieux les déchirements de la vie de courtisan et les exigences d'un règne glorieux, celui de Louis XIV. Les intrigues de Racine, réduites à une crise décisive, sont plus conformes à la vraisemblance* que celles de Corneille et s'adaptent parfaitement à la règle des trois unités et aux critères de bienséance*. Le dramaturge doit s'incliner devant son rival : Racine ravit un public que Corneille ne séduit plus. Sa dernière tragédie, *Suréna* (1674), connaît à peine un succès d'estime. Le dramaturge se retire alors définitivement du monde du théâtre. Il s'éteint à Paris en 1684. Son frère Thomas, qui suit les traces de son aîné, hérite de son siège à l'Académie française ; à cette occasion, Racine rend un vibrant hommage à son illustre prédécesseur.

* : *Cf. Glossaire*

- Pendant les trois quarts du XVIIe siècle, le baroque et le classicisme coexistent. L'œuvre de certains écrivains, comme Corneille, se situe à la jonction des esthétiques baroque et classique.

- Cependant, on peut dire que l'esprit du *Cid* est classique, puisque le dramaturge a atténué les violences pour respecter les règles de bienséance du XVIIe siècle et en a resserré l'action.

- Les personnages incarnent le sens de l'honneur et la bravoure, valeurs relevant de l'esprit baroque. Ils sont aussi déchirés entre des idéaux opposés, la respectabilité de la famille d'un côté et les devoirs de l'amour de l'autre.

- Pour se conformer aux critères de bienséance, Corneille atténue l'exaltation amoureuse de Chimène.

- Comme la tragicomédie décline à partir de 1642, Corneille réécrit la pièce pour la rendre plus conforme aux règles classiques. Il rebaptise ainsi *Le Cid* de tragédie en 1648 puisqu'il montre le déclin du féodalisme (représenté par la Fronde, l'insurrection de nobles, jaloux de leur pouvoir) devant l'esprit centralisateur incarné par Richelieu.

À retenir

Description de l'époque : la France du XVIIe siècle

> *Qu'importe-t-il de connaître de la France de cette époque ?*

Quelques renseignements préliminaires

Né au début du XVIIe siècle et ayant vécu soixante-dix-huit ans, Corneille a connu plusieurs rois et même une régence, c'est-à-dire une période de transition entre les règnes de Louis XIII et de son fils, Louis XIV.

Pour expliquer une activité littéraire, ne faut-il pas examiner l'époque qui l'a vu naître ?

Les contextes politique et religieux

> *Quels sont les liens à faire entre le contexte politique et religieux et le texte tel qu'il a évolué à la suite de ses diverses réécritures ?*

Il est difficile pour un jeune Québécois de s'y retrouver dans les dédales dynastiques de la France du XVIIe siècle et de comprendre les enjeux politiques propres à chaque règne. Le tableau suivant permet de situer les périodes les unes à la suite des autres en exposant rapidement les grandes caractéristiques de chacune. Dans la colonne de gauche apparaissent les noms des rois ou régents (dans ce cas-ci, des régentes), suivis entre parenthèses de trois dates, celles de la naissance, du début et de la fin de chaque règne. Dans certains cas suivent les noms des ministres importants, associés à ce gouvernement, comme celui de Richelieu pour Louis XIII. Dans la colonne de droite sont décrits les aspects et les événements principaux de chaque période, illustrant notamment le fait que politique et religion étaient alors intrinsèquement liées.

Quant à la pièce, elle a été composée en 1636 et renvoie, pour l'essentiel, à la dynamique politique du règne de Louis XIII. Elle a toutefois été remaniée par Corneille à deux reprises dans le but de la rendre plus conforme aux normes classiques. Le tableau ci-après rend aussi compte de cette évolution.

Tableau des contextes politique et religieux des œuvres de Corneille

Henri IV (1553-[**1589**-1610])	Par ses qualités naturelles et ses politiques avisées, Henri IV réussit à raffermir l'autorité royale, menacée par les multiples conspirations de la grande noblesse, et à rapprocher les catholiques des protestants. Dans une époque dominée par la foi, les guerres ont souvent des motifs religieux.
	Le roi lui-même n'échappe pourtant pas à l'intolérance religieuse puisqu'il est assassiné en 1610, au moment où se multiplient les révoltes des paysans accablés par les impôts, et que se ravive le fanatisme religieux.
	Le catholicisme connaît un renouveau de ferveur, ce qui entraîne notamment la fondation de plusieurs congrégations. Un capucin, collaborateur intime de Richelieu, le père Joseph, donne une vive impulsion à l'évangélisation des Indiens du Canada. Saint-Vincent de Paul fonde de nombreuses œuvres charitables.
	Au moment de l'assassinat du roi, Corneille a quatre ans. Il passe son enfance dans une société encore largement tributaire du féodalisme. Les seigneurs revendiquent l'héritage chevaleresque de vaillance qui leur a valu l'octroi d'un grand nombre de privilèges. Sous leur dépendance, les paysans vivent dans des conditions très difficiles. Les quelques soulèvements qu'ils se permettent sont réprimés très durement.
Régence de **Marie de Médicis** (1573-[**1610**-**1617**]1642)	Assoiffée de pouvoir, la reine mère, qui assure l'interrègne, ne se donne pas réellement la peine d'instruire son fils, Louis XIII, encore mineur, des responsabilités de sa fonction. Celui-ci fait finalement arrêter et exécuter l'homme de confiance de sa mère et éloigne cette dernière du royaume pour mieux asseoir son autorité.

Tableau des contextes politique et religieux des œuvres de Corneille (suite)

Louis XIII (1601-[**1617** (**début du règne personnel**]1643) Cardinal et duc **de Richelieu** (1585-1642)	Ministre de Louis XIII de 1624 à 1642, Richelieu a pour tâche de renforcer le pouvoir royal contre les révoltes de nobles, soucieux de conserver leurs prérogatives, et contre les soulèvements populaires provoqués par les famines, les épidémies et les impôts qui ne cessent d'écraser les paysans. Pour ce qui est des relations extérieures, Richelieu déclare la guerre à l'Espagne en 1635 et, l'année suivante, l'armée française reprend Corbie, ville française occupée par les Espagnols. Composé en 1636, *Le Cid* renvoie donc à cette période de l'histoire de la France lorsque Richelieu cherche à soumettre les nobles, vaniteux et prompts à la révolte, tout comme l'est Don Gomès dans la pièce. Tous les autres nobles tentent au contraire de ramener Don Gomès à la raison pour que ce dernier se soumette au pouvoir du roi. On peut dire que ces personnages incarnent les valeurs de l'« honnête homme* », alors en émergence. Pour les contemporains de Corneille, Don Fernand de Castille exprimait la soif de pouvoir absolu de Louis XIII lui-même. Quant à Don Rodrigue, le Cid, son drame vient du fait qu'il cherche à concilier deux codes moraux : sauver l'honneur familial tout en tenant compte de ses aspirations personnelles au bonheur. Enfin, à l'époque, la France est en guerre contre les Espagnols, ce qui se traduit dans la pièce par le conflit contre les Mores, permettant ainsi à Rodrigue de servir son roi en devenant un héros.
Anne d'Autriche (1601-[**1643-1661**]1666) Cardinal de **Mazarin** (1602-1661)	Quand meurt Louis XIII, son fils Louis XIV n'a que cinq ans. C'est ainsi que sa mère, Anne d'Autriche, assure la régence avec l'aide du cardinal Mazarin, qui fut son ministre et fort probablement son amant. L'origine italienne du cardinal, ses liens suspects avec la reine et les augmentations d'impôts provoquent la Fronde, troubles qui agitèrent la France, alimentés par la rébellion des nobles que Mazarin réussit, finalement, à assujettir. De plus, pour pacifier le royaume, Mazarin met un terme aux guerres contre l'Italie et l'Espagne. Cet épisode de la Fronde (1649-1652) traumatise Louis XIV encore jeune et le poussera, une fois sur le trône, à réduire les nobles à l'état de courtisans, uniquement préoccupés d'obtenir les faveurs du roi.

* : Cf. Glossaire

Tableau des contextes politique et religieux des œuvres de Corneille (suite)

	Le Cid, classé tragicomédie à l'origine, est rebaptisé tragédie par Corneille en 1648, après qu'il en a légèrement modifié le texte.
	Corneille entre dans le « moule » classique en composant de nombreuses grandes tragédies à caractère politique.
Louis XIV (1638-[**1661**-1715]) Jean-Baptiste **Colbert** (1619-1683)	À la mort de Mazarin en 1661, Louis XIV entame un règne personnel. Il nomme lui-même son ministre et exclut de son conseil la noblesse, comme l'avait fait avant lui Richelieu. Le roi veut avoir l'œil à tout. Ainsi, il exercera seul le pouvoir jusqu'à sa mort. Son règne représente un long combat pour faire triompher, dans tout le royaume, la volonté absolue du roi.
	Recommandé par le Cardinal, Colbert entre au service de Louis XIV. Il est nommé ministre des Finances et secrétaire d'État, fonctions qu'il remplira jusqu'à la fin de sa vie. Il s'occupe de tout, sauf de la guerre et des affaires étrangères. Il assure ainsi à la France plusieurs années de paix tout en réussissant à équilibrer le budget de l'État.
	Louis XIV est persuadé, tout comme son entourage d'ailleurs, qu'il tient son pouvoir de Dieu et qu'il n'a de comptes à rendre à personne. Il désire surpasser tous les autres princes, d'où son emblème, un soleil éclatant, et son surnom, le Roi-Soleil.
	Avec Louis XIV, l'absolutisme est exercé non seulement en politique, mais aussi en religion. Le roi refuse de partager avec le pape l'administration du clergé français. Il impose à ses sujets ses volontés, mais aussi sa foi. Ne pas adhérer à la religion du monarque confinait, dans la mentalité de l'époque, à la rébellion. De là les persécutions que subissent jansénistes* et protestants.
	Corneille modifie quelque peu son texte encore une fois en 1660, et une autre fois au moment de sa publication en 1682, toujours dans la perspective de le rendre plus conforme à l'esprit classique. Le dramaturge voit sa popularité décliner progressivement sous le règne de Louis XIV. Racine semble mieux exprimer l'insécurité profonde des nobles, regroupés au luxueux château de Versailles, désormais plus soucieux de respect de l'étiquette que d'héroïsme*. Quant à Molière, il met en scène des bourgeois et laisse ainsi entrevoir la montée de cette classe sociale.

* : *Cf.* Glossaire

Le contexte social

L'idéal chevaleresque de l'époque

Au début du XVIIᵉ siècle, la société de l'époque a conservé certaines valeurs du passé : l'esprit de chevalerie, l'héroïsme chevaleresque et la conception féodale de l'honneur.

On appelait chevalier, celui qui était adoubé*. Au Moyen Âge, les chevaliers étaient une élite guerrière qui formait une classe particulière, distincte de celle des paysans et de celle du clergé. Les combats entre les chevaliers étaient considérés comme des événements sociaux importants. Ces chevaliers ressemblaient aux athlètes d'aujourd'hui.

Au XVIIᵉ siècle, la chevalerie représente un mode de vie. On parlait de l'esprit chevaleresque quand les chevaliers devaient respecter un code particulier : faire preuve d'honnêteté, de loyauté, de générosité, de bravoure et surtout de courtoisie. L'idéal chevaleresque s'inscrit dans le dépassement de soi, dans le sublime, lorsque le chevalier doit accomplir des actions héroïques qui peuvent mettre sa vie en péril. Dans cet esprit, l'honneur de sa race ou de sa lignée passe avant toute autre valeur. Si le noble ou le chevalier ne venge pas son honneur, ses ancêtres et sa descendance portent cet affront. C'est la conception féodale de l'honneur, notamment illustrée dans la pièce par Don Gomès et Don Diègue, encore imbus du prestige des grands seigneurs féodaux et fiers de leurs privilèges de caste.

Adoubement

Cérémonie au cours de laquelle le jeune noble était fait chevalier, recevait des armes et un équipement. [Adoubé : chevalier armé lors de la cérémonie de l'adoubement.]

* : Cf. Glossaire

Liens du Cid avec la description de l'époque

En 1635, la France est en guerre avec l'Espagne. Les conflits persistent depuis le XVIᵉ siècle. Quand Corneille décide d'écrire *Le Cid*, les troupes espagnoles avaient envahi la France par le nord et seuls le sang-froid et les talents de stratège de Richelieu avaient permis de repousser l'envahisseur. La victoire de Rodrigue sur les Mores rappelle ainsi celle de Richelieu sur les Espagnols.

De la même manière, le personnage de Don Gomès renvoie aux nobles qui remettent en cause le pouvoir royal et fomentent la Fronde en 1648 ; par contre, celui de Rodrigue est à l'image d'un sujet complètement dévoué à son roi.

Le Cid et la politique

Richelieu cherche à imposer l'autorité de l'État à l'aristocratie, d'où l'interdiction de combattre en duel, héritage féodal qui prive le royaume, en temps de guerre, de vaillants gentilshommes, cette pratique ayant coûté la vie à un grand nombre de chevaliers. À cette époque, la France doit protéger son territoire contre les desseins de l'Espagne. Pour le cardinal, la justice doit désormais être rendue par un tribunal. Toutefois, les duels continuent d'exister de manière illicite. Sans tenir compte de l'avis du puissant cardinal, Corneille présente un premier duel entre le comte et Rodrigue, sans l'approbation du roi. En revanche, le deuxième duel entre Rodrigue et Don Sanche est exceptionnellement accepté par le roi afin de bien montrer que la justice ne peut plus être appliquée en dehors du pouvoir royal.

Quant à la noblesse, elle cherche à reconquérir le pouvoir qui lui échappe, ce qu'illustre le personnage de Don Gomès, grand seigneur, qui brave l'autorité royale en souffletant le gouverneur nommé par elle.

Par ailleurs, du temps de Louis XIII et de Richelieu, les écrivains inspirés par l'épisode de la Fronde conservaient un goût marqué pour l'héroïsme chevaleresque, ici illustré par Don Gomès. Cependant, cette bravoure devra désormais se faire humble et discrète pour ne pas porter ombrage à la gloire du roi (ce que ne comprend pas Don Gomès). Ce n'est pas le cas de la nouvelle génération : si Rodrigue fait preuve d'un grand héroïsme en combattant les Mores, son but n'en reste pas moins celui de satisfaire les attentes du roi. Cela dit, il ne renonce pas à ses aspirations personnelles au bonheur et revendique toujours le droit de vivre son amour pour Chimène. Il témoigne ainsi de l'équilibre recherché par le héros classique : d'une part, il demeure fidèle au code de l'honneur des nobles ; d'autre part, il obéit au roi et ses actions servent la gloire du monarque. De plus, il confirme la suprématie de l'État puisque c'est le roi de Castille qui commande les combats du Cid et que c'est aussi lui qui le réconcilie avec Chimène ou rend possibles ses amours avec elle. L'intrigue illustre très bien cette période de l'histoire de France, marquée par le passage du féodalisme (plusieurs seigneurs revendiquent le pouvoir et la gloire) à la centralisation des pouvoirs entre les mains du roi. Désormais, le monarque sera le seul à gouverner la France, les nobles ayant été réduits à la condition de simples courtisans.

Les contextes littéraire et artistique

Situation du théâtre

Au début du siècle, même si l'art dramatique est assez fécond, il n'y a que peu d'œuvres de génie. Les troupes ambulantes de comédiens sont souvent médiocres et les genres sont emmêlés sur scène; on imite tantôt les Anciens, tantôt les Italiens, tantôt les fanfarons espagnols.

Richelieu, qui veut offrir un divertissement de qualité à la noblesse, tente une réforme du théâtre. Il met alors sur pied et dirige la société des cinq auteurs, dont fera partie Corneille. Ces auteurs sont pensionnés et rédigent sous l'inspiration du ministre. À partir de cette époque, le statut de dramaturge et de comédien s'améliore.

Après avoir pratiqué la farce, le théâtre de l'Hôtel de Bourgogne se spécialise dans la tragédie. Le théâtre du Marais lui fait concurrence. De jeunes dramaturges, dont Corneille, y présentent de nombreuses tragédies et tragicomédies. *Le Cid*, qui consacre Corneille comme le meilleur dramaturge, en est un exemple.

Le rôle de l'Académie française

Le but que se propose l'Académie française, fondée par le cardinal de Richelieu en 1635, est d'épurer, de fixer la langue française et de la maintenir dans le bon usage et le bon goût. À l'inverse de l'Italie et de l'Espagne, les règles ont précédé l'apparition des chefs-d'œuvre.

Dès ses débuts, l'Académie considère qu'elle a assez d'autorité morale dans le domaine des lettres pour guider le goût du public et des auteurs. En 1637, prenant prétexte de cette autorité, elle intervient dans la querelle du *Cid*. Dramaturges et comédiens se plient aux attentes de ses théoriciens, qui remettent au goût du jour les règles de *La poétique* d'Aristote, et qui imposent donc les critères de vraisemblance, de bienséance et le respect des unités de temps, de lieu et d'action pour rendre la production théâtrale plus conforme aux exigences morales et politiques de la monarchie.

Le théâtre au XVIIe siècle

Au début du XVIIe siècle, les théâtres permanents sont peu nombreux à Paris. Les salles sont de grands rectangles « à la française » alors que quelques-unes s'arrondissent « à l'italienne ». Les spectateurs fortunés peuvent choisir les loges de chaque côté ou bien s'installer directement sur la scène, car au théâtre l'important est non seulement de voir mais d'être vu et, surtout, au bon endroit puisque l'organisation de la salle reflète la hiérarchie sociale. Au milieu, c'est-à-dire au parterre se trouvent les participants bruyants, généralement de condition plus modeste, qui assistent debout aux représentations. L'influence italienne développe par ailleurs l'attrait pour les décors somptueux. Quant aux comédiens, ils arborent des habits luxueux, sans se soucier de respecter la couleur locale, et déclament sur un ton oratoire*. À partir de 1630, le public parisien devient plus élégant et plus cultivé, raffine ses goûts, et se montre plus exigeant sur le plan culturel.

Oratoire

Caractéristique stylistique d'un discours éloquent.

* : Cf. Glossaire

Grâce aussi au mécénat du roi et à l'ascension d'une bourgeoisie cultivée, le statut des auteurs s'améliore, mais tout en restant précaire cependant. La plupart d'entre eux sont dépendants du pouvoir; de plus, la fonction d'écrivain n'est pas toujours vue comme étant digne de l'« honnête homme ». Les comédiens sont excommuniés par l'Église, qui réprouve moralement le travail des dramaturges. Des théologiens et des moralistes jansénistes, en particulier Bossuet et Pascal, considèrent le théâtre comme une école du vice dangereuse, qui donne à voir et à imiter des comportements immoraux. Corneille, Racine et Molière défendent pourtant son utilité morale, c'est-à-dire plaire à un public mondain. Il ne faut rien écrire qui est contraire au goût de ce public. Ainsi, l'art classique, plus particulièrement le théâtre de la cour, représente l'expression favorite de ce siècle, basée sur la distinction, la dignité extérieure, la maîtrise du langage et des gestes et le véritable culte du Roi-Soleil.

Les courants littéraires et artistiques au XVIIe siècle

Le tableau suivant présente une synthèse des caractéristiques associées aux courants baroque et classique.

Tableau comparatif des courants littéraires et artistiques

Courant baroque	Courant classique
• Influence dominante au début du XVIIe siècle, dans toute l'Europe.	• Influence dominante en France sous le règne de Louis XIV.
• Héros inconstants, déchirés, susceptibles de se déguiser ou de se métamorphoser en cours d'action, qui adhèrent aux valeurs chevaleresques, qui ont le goût de l'héroïsme et qui cultivent l'ambiguïté.	• Héros qui calquent leurs valeurs sur celles de l'honnête homme, toujours dans la juste mesure entre honneur et devoir. De rang élevé dans la tragédie, d'origine bourgeoise dans la comédie.
• Mélange des genres, le tragique se mêlant au comique (la tragi-comédie) dans le but de traduire le malaise de l'être humain devant un monde en bouleversement; foisonnement des anecdotes.	• Séparation des genres et respect des contraintes de composition, notamment la règle des trois unités, celles de lieu (un seul lieu), de temps (une journée) et d'action (une ligne directrice), pour traduire une impression de stabilité, celle de la monarchie absolue.
• Virtuosité stylistique, prolifération des figures de style et tendance au langage précieux*, orné. Intensité dans l'expression des sentiments, goût pour tout ce qui est excessif.	• Sobriété dans l'expression des sentiments, qui doivent demeurer dans les limites de la bienséance, c'est-à-dire de la décence morale. Style épuré, clarté et précision du lexique.
• Prédilection pour les effets de mise en scène, pour les changements de décor, pour les pièces à machines.	• Mise en scène solennelle qui met l'accent sur le caractère cérémoniel de la représentation, dans le but de servir la gloire du roi.
• But par rapport au spectateur: créer un effet de surprise, l'impressionner.	• Désir de plaire au spectateur pour mieux l'instruire des valeurs et des comportements socialement souhaitables.

*: Cf. Glossaire

Le baroque

C'est une forme d'esthétique et de sensibilité artistique qui s'est exprimée dans tous les arts, et notamment en peinture et en architecture, de la fin du XVIe siècle jusqu'au milieu du XVIIe. Venant d'Italie, ce courant se répand dans toute l'Europe. On ne parle pas d'école en France, mais plutôt d'esprit, d'art baroque. C'est l'art du mouvement, de l'instabilité d'une nature qui se renouvelle sans cesse. Le baroque traduit aussi l'angoisse de l'homme et sa fragilité dans un monde agité, en continuels bouleversements politiques et religieux[8]. Les artistes et les écrivains privilégient donc le provisoire et la métamorphose des êtres et des choses. Dans l'esprit de ce courant, on efface les frontières entre le rêve et la réalité. L'illusion et le fantastique triomphent; la diversité et la complexité des formes et des actions prédominent. Tout devient alors possible, d'où la liberté dans la création, où l'on ne se soucie plus des règles.

---

8. Jusqu'à l'arrivée de Louis XIV, les intrigues politiques ont ébranlé l'homme de l'époque.

Présentation de la pièce

Le Cid, une œuvre baroque

Registre

Manifestation dans le langage de l'émotion produite par un texte sur la sensibilité du lecteur : émouvoir, faire pleurer (registre **pathétique**), exprimer ses sentiments personnels (**lyrique**), exprimer et provoquer de la peur (**fantastique**), critiquer sérieusement (**polémique**), critiquer plaisamment (**satirique** et **ironique**), faire rire (**comique**), amplifier un événement (**épique**). Les registres sont en relation avec un genre : comédie et registre comique, épopée et registre épique, poésie lyrique et registre lyrique.

Élégiaque

Dérivé de *élégie*, chant de deuil destiné à pleurer la perte d'un être cher.

Chez Corneille, ce mouvement se traduit par un élan vers « l'image la plus brillante que l'on puisse se faire de soi-même[9] ». Dans une telle œuvre, les personnages et les situations sont hors du commun.

Le baroque littéraire met aussi en relief la contradiction des sentiments et des situations. Malgré son amour pour Chimène, Rodrigue est contraint d'affronter son père pour venger son propre honneur. Quant à Chimène, elle aussi est contrainte de poursuivre Rodrigue malgré les sentiments qu'elle éprouve pour lui.

De plus, ce courant met l'accent sur le mélange des registres*. Nous retrouvons dans *Le Cid* le registre pathétique* qui correspond à l'une des visées du tragique : susciter la pitié pour la souffrance d'un personnage. Ainsi, la situation de Rodrigue et de Chimène provoque la pitié et fait craindre pour leur sort, comme dans l'acte III, scène 4, où les amants se disent leur amour et en même temps leur douleur de devoir renoncer à son accomplissement. Cet extrait est aussi un modèle de scène lyrique* où les deux héros expriment leur amour sur un ton élégiaque*.

Cependant, dans l'étalage de ses émotions, Chimène n'hésite pas à exagérer ; elle parlera des « feux [de l'amour] si beaux » (v. 981), d'« adore[r] [le criminel] » (v. 810), de son cœur déchiré (v. 818), de « l'espoir le plus doux de [sa] possession » (v. 1512). Enfin, on note aussi,

---

9. J.-C. Tournand. *Introduction à la vie littéraire du XVIIe siècle*, Paris, Bordas, 1970.

*: *Cf.* Glossaire

dans la tirade* de Rodrigue, acte IV, scène 3, le registre épique* quand celui-ci fait le récit de son combat contre les Mores, véritable morceau de bravoure et d'héroïsme : « Nous les pressons sur l'eau, nous les pressons sur terre, / Et nous faisons courir des ruisseaux de leur sang » (v. 1290 et 1291).

Quant au style, il est marqué par l'exubérance des images ; déclamatoire, il y foisonne des métaphores*, des antithèses* et des hyperboles* comme en témoigne le passage suivant (acte II, scène 8), où se multiplient les métaphores violentes dans la bouche de Chimène :

> « Son flanc était ouvert ; et pour mieux m'émouvoir,
>
> Son sang sur la poussière écrivait mon devoir ;
>
> Ou plutôt sa valeur en cet état réduite
>
> Me parlait par sa plaie, et hâtait ma poursuite ; »
>
> (v. 675 à 678).

Ce tableau pathétique évoque l'expression d'une souffrance extériorisée. Plusieurs autres passages révèlent la virtuosité stylistique de Corneille, comme le vers suivant où s'exprime la fougue de la jeunesse par une antithèse brillante :

> « Ton bras est invaincu, mais non pas invincible. »
>
> (v. 418).

Parfois même, le style baroque de la pièce va à l'encontre des règles de bienséance de l'époque ; une des preuves en est la visite de Rodrigue chez Chimène, au crépuscule, ayant en main l'épée qui porte le sang de sa victime : « Ah ! quelle cruauté, qui tout en un jour tue / Le père par le fer, la fille par la vue ! » (v. 865 et 866). Des images intenses se succèdent : « Il est teint de mon

Tirade

Longue réplique d'un personnage, toujours très organisée.

Métaphore

Figure de style qui rapproche deux objets ou deux idées sans outil de comparaison.

Antithèse

Figure de style qui consiste à rapprocher deux expressions contraires de façon à mettre leur opposition en valeur par un double effet de symétrie* et de contraste.

Hyperbole

Figure de style qui consiste à exagérer la réalité.

* : Cf. Glossaire

sang.» (v. 863), «Et fais-lui perdre ainsi la teinture du tien.» (v. 864), «quelle cruauté» (v. 865), et atteignent le paroxysme* de l'horreur dans la vision de la mort : «Tu veux que je t'écoute, et tu me fais mourir ! » (v. 868). On voit bien que Corneille répugne à se plier aux règles classiques, d'où les critiques de l'Académie et la querelle qui suit la première représentation de la pièce :

Paroxysme

Le plus haut degré d'une sensation ou d'un sentiment.

Le Cid sur la voie du classicisme

Le terme « classique » caractérise l'art et la littérature à partir de 1660 environ. Contrairement au baroque, le classicisme préfère l'ordre et la stabilité. Les œuvres classiques prétendent peindre la nature humaine dans ce qu'elle a de plus universel et immuable. Les artistes et les écrivains se soumettent alors à des règles précises, fixées par les académies, et ils respectent un idéal de beauté où, selon leur point de vue, la raison prédomine. Cette esthétique rejette l'excès et le foisonnement de l'esprit baroque et préfère la clarté, l'ordre, la mesure, et ce qui convient à la bienséance, « au bon goût » du public mondain de l'époque.

À l'ancien type d'héroïsme représenté par les nobles vieillissants, Don Gomès et Don Diègue, tous deux proches du féodalisme et des valeurs baroques, Corneille oppose un jeune héros qui cherche à faire l'équilibre entre son respect de l'autorité et ses aspirations personnelles au bonheur. Son cheminement illustre certaines valeurs classiques : il se plie à l'autorité de son monarque, il se soumet à la raison d'État tout en revendiquant le droit à l'amour. Sa quête met donc en lumière ce désir d'équilibre qu'on associe souvent au classicisme.

*: Cf. Glossaire

Corneille en son temps

	Vie et œuvre de Corneille	Événements historiques	Événements culturels et scientifiques
1606	Naissance le 6 juin à Rouen.		
1607			Honoré d'Urfé, *L'astrée*. Naissance de l'opéra : Monteverdi, *Orfeo*.
1608		Fondation de la ville de Québec.	
1610		Assassinat d'Henri IV et régence de Marie de Médicis. Révolte de la noblesse rurale contre les privilèges accordés à la haute noblesse. Cette révolte se poursuivra jusqu'en 1617.	
1618		Début de la guerre de Trente Ans.	
1622			Naissance de Molière.
1624	Licence en droit.	Richelieu nommé ministre.	
1628	Son père lui achète deux charges d'avocat du roi.	Victoire de Richelieu sur les protestants à La Rochelle.	
1629	Sa première comédie, *Mélite*, est jouée à Paris.	Richelieu est nommé « principal ministre ».	
1631	*Clitandre* (tragicomédie).		Renaudot fonde sa *Gazette*.
1632	*La galerie du Palais* (comédie).		Rembrandt, *La leçon d'anatomie*.
1634	*La veuve* (comédie).		
1635	*Médée* (tragédie).	Début de la guerre d'Espagne.	
1636	*L'illusion comique* (comédie).		Fondation de l'Académie française.

	Vie et œuvre de Corneille	Événements historiques	Événements culturels et scientifiques
1637	*Le Cid* (tragicomédie). Querelle du *Cid*. Anoblissement du père de Corneille.		Développement du rationalisme français : Descartes, *Discours de la méthode*.
1638		Naissance de Louis XIV.	
1639	Mort de son père. Il devient le tuteur de son frère et de sa sœur.		Naissance de Racine.
1641	*Horace* (tragédie). Mariage avec Marie de Lampérière.		
1642	*Cinna* (tragédie). Naissance de sa première fille, Marie.	Fondation de Montréal. Mort de Richelieu.	Début du classicisme chez les peintres français : Le Brun, Poussin et Le Lorrain.
1643	Mazarin lui accorde une pension. *Polyeucte* et *Rodogune* (tragédies).	Mort de Louis XIII. Régence d'Anne d'Autriche et ministère de Mazarin.	
1644	*Le menteur* (comédie). Échec à l'Académie française. Il réunit en volumes les pièces antérieures au *Cid*.		
1647	Élection à l'Académie française après un deuxième échec en 1646.		Vaugelas, *Remarques sur la langue française*.
1648	Publication du tome II de ses *Œuvres*.	Fin de la guerre de Trente Ans. Début de la Fronde.	Fondation de l'Académie Royale de peinture et de sculpture.
1650	Nommé procureur des États de Normandie. *Andromède* (tragédie).		

	Vie et œuvre de Corneille	Événements historiques	Événements culturels et scientifiques
1651	Remercié de sa fonction de procureur. Suppression de sa pension. *Nicomède* (tragédie).	Exil de Mazarin.	
1652		Fin de la Fronde.	
1653	Il renonce au théâtre.	Retour de Mazarin.	
1656	Naissance du septième et dernier enfant, Thomas.		Pascal, *Les provinciales.* Thomas Corneille, *Timocrate.*
1659	*Œdipe* (tragédie).	La paix avec l'Espagne : traité des Pyrénées.	Molière, *Les précieuses ridicules.*
1660	*Discours sur le poème dramatique.* Édition de ses Œuvres (3 vol.) avec les *Discours* et les *Examens* des pièces.	Mariage de Louis XIV avec Marie-Thérèse.	Pascal, *Pensées.*
1661		Mort de Mazarin. Début du règne de Louis XIV, le Roi-Soleil.	
1662	Édition luxueuse de ses Œuvres. Corneille quitte Rouen pour Paris.	Colbert est nommé ministre.	Molière, *L'école des femmes.* Mort de Pascal.
1667	*Attila* (tragédie montée et jouée par la troupe de Molière).		Racine, *Andromaque.*
1670	*Tite et Bérénice* (tragédie héroïque, en concurrence avec celle de Racine qui aura plus de succès que la sienne).		Pascal, *Pensées.* Bossuet, *Oraison.* Racine, *Bérénice.*

	Vie et œuvre de Corneille	Événements historiques	Événements culturels et scientifiques
1671	*Psyché* (comédie-ballet en collaboration avec Molière).		Mme de Sévigné, début de sa correspondance, *Lettres*. Molière, *Les fourberies de Scapin*.
1673		Louis XIV s'installe à Versailles.	Mort de Molière et fermeture du théâtre du Marais.
1674	*Suréna* (tragédie passée inaperçue). Mort d'un fils à la guerre.		Boileau, *L'art poétique*. Racine, *Iphigénie*.
1675	Pension royale supprimée mais réconciliation avec Racine.		
1677			Racine, *Phèdre*.
1678			Mme de La Fayette, *La princesse de Clèves*.
1682		La cour s'installe à Versailles.	
1683		Mariage de Louis XIV avec Mme de Maintenon.	
1684	Mort à Paris.		Dessin des jardins de Versailles par Le Nôtre, et conception de la Galerie des Glaces par Le Brun.
1685		Révocation de l'Édit de Nantes et reprise des persécutions contre les protestants.	Réception de Thomas Corneille à l'Académie française; Racine fait l'éloge du défunt.

Don Rodrigue (Jean-Sébastien Ouellette), *Le Cid*, mise en scène de Gervais Gaudreault, Théâtre du Trident, 2004.

Le Cid

Corneille

Personnages

Don[1] Fernand, premier roi de Castille (Ferdinand Ier le Grand, mort en 1065).

Doña Urraque, Infante de Castille, fille de Don Fernand.

Don Diègue, père de Don Rodrigue.

Don Gomès, comte de Gormas, père de Chimène.

Don Rodrigue, amant de Chimène (Ruy Diaz de Bivar).

Don Sanche, amoureux de Chimène.

Don Arias, Don Alonse : gentilshommes castillans.

Chimène, fille de Don Gomès.

Léonor, gouvernante de l'Infante.

Elvire, gouvernante de Chimène.

Un page de l'Infante.

La scène est à Séville : « Tout s'y passe donc dans Séville, et garde ainsi quelque espèce d'unité de lieu en général ; mais le lieu particulier change de scène en scène, et tantôt c'est le palais du Roi, tantôt l'appartement de l'Infante, tantôt la maison de Chimène, et tantôt une rue ou place publique » (Corneille, *Examen* de la pièce, 1660).

---

note

1. Don : titre des nobles espagnols (féminin : *doña*).

Scène première

CHIMÈNE, ELVIRE

CHIMÈNE
Elvire, m'as-tu fait un rapport bien sincère ?
Ne déguises-tu rien de ce qu'a dit mon père ?

ELVIRE
Tous mes sens à[1] moi-même en sont encor charmés[2] :
Il estime Rodrigue autant que vous l'aimez,
5 Et si je ne m'abuse à lire[3] dans son âme,
Il vous commandera de répondre à sa flamme[4].

CHIMÈNE
Dis-moi donc, je te prie, une seconde fois
Ce qui te fait juger qu'il approuve mon choix :
Apprends-moi de nouveau quel espoir j'en dois prendre[5] ;
10 Un si charmant discours ne se peut trop entendre ;

passage analysé

notes

1. à : en.
2. charmés : envoûtés comme par un charme.
3. à lire : en lisant.

4. flamme : amour.
5. en [...] prendre : en concevoir.

39

Tu ne peux trop promettre aux feux de notre amour
La douce liberté de se montrer au jour.
Que t'a-t-il répondu sur la secrète brigue[1]
Que font auprès de toi don Sanche et don Rodrigue ?
15 N'as-tu point trop fait voir quelle inégalité
Entre ces deux amants[2] me penche[3] d'un côté ?

ELVIRE

Non ; j'ai peint votre cœur dans une indifférence
Qui n'enfle d'aucun d'eux ni détruit l'espérance[4],
Et sans les voir d'un œil trop sévère ou trop doux
20 Attend l'ordre d'un père à[5] choisir un époux.
Ce respect l'a ravi, sa bouche et son visage
M'en ont donné sur l'heure un digne[6] témoignage,
Et puisqu'il vous en faut encor[7] faire un récit,
Voici d'eux et de vous ce qu'en hâte il m'a dit :
25 « Elle est dans le devoir ; tous deux sont dignes d'elle,
Tous deux formés d'un sang[8] noble, vaillant, fidèle,
Jeunes, mais qui font lire aisément dans leurs yeux
L'éclatante vertu[9] de leurs braves aïeux.
Don Rodrigue surtout n'a trait[10] en son visage
30 Qui d'un homme de cœur[11] ne soit la haute image,
Et sort d'une maison[12] si féconde en guerriers,
Qu'ils y prennent naissance au milieu des lauriers[13].
La valeur de son père, en son temps sans pareille,
Tant qu'a duré sa force, a passé pour merveille ;
35 Ses rides sur son front ont gravé ses exploits,
Et nous disent encor ce qu'il fut autrefois.

passage analysé

notes

1. brigue : intrigue amoureuse ; sollicitations.
2. amants : ici, prétendants.
3. me penche : me fait pencher.
4. Qui [...] espérance : qui n'encourage ni ne détruit l'espérance d'aucun d'eux.
5. à : pour.
6. digne : digne de foi.
7. encor : encore.

8. sang : famille, lignée.
9. vertu : force morale, mérite.
10. n'a trait : n'a pas un seul trait.
11. de cœur : courageux, valeureux.
12. maison : famille.
13. lauriers : couronnes de lauriers, symbole des victoires militaires.

Je me promets du fils ce que j'ai vu du père ;
Et ma fille, en un mot, peut l'aimer et me plaire. »
Il allait au conseil, dont l'heure qui pressait
40 A tranché ce discours qu'à peine il commençait ;
Mais à ce peu de mots je crois que sa pensée
Entre vos deux amants n'est pas fort balancée[1].
Le roi doit à son fils élire un gouverneur[2],
Et c'est lui[3] que regarde un tel degré d'honneur :
45 Ce choix n'est pas douteux, et sa rare vaillance
Ne peut souffrir[4] qu'on craigne aucune concurrence.
Comme ses hauts exploits le rendent sans égal,
Dans un espoir si juste il sera sans rival ;
Et puisque don Rodrigue a résolu son père
50 Au sortir du conseil à proposer l'affaire[5],
Je vous laisse à juger s'il prendra bien son temps[6],
Et si tous vos désirs seront bientôt contents[7].

CHIMÈNE
Il semble toutefois que mon âme troublée
Refuse cette joie et s'en trouve accablée :
55 Un moment donne au sort des visages divers[8],
Et dans ce grand bonheur je crains un grand revers.

ELVIRE
Vous verrez cette crainte heureusement déçue.

CHIMÈNE
Allons, quoi qu'il en soit, en[9] attendre l'issue.

passage analysé

notes

1. **balancée** : hésitante.
2. **élire un gouverneur** : choisir un précepteur.
3. **lui** : le père de Chimène.
4. **souffrir** : supporter.
5. **proposer l'affaire** : faire sa demande en mariage.
6. **prendra bien son temps** : saisira le moment favorable.
7. **contents** : satisfaits, comblés.
8. **visages divers** : aspects contraires.
9. **en** : du conseil et de la demande en mariage.

Scène 2

L'Infante, Léonor, un page

(Chez l'Infante.)

L'Infante

Page, allez avertir Chimène de ma part

60 Qu'aujourd'hui pour me voir elle attend un peu tard,

Et que mon amitié se plaint de sa paresse.

(Le page rentre[1].)

Léonor

Madame, chaque jour même désir vous presse ;

Et dans son entretien[2] je vous vois chaque jour

Demander en quel point se trouve son amour.

L'Infante

65 Ce n'est pas sans sujet : je l'ai presque forcée

À recevoir les traits[3] dont son âme est blessée.

Elle aime don Rodrigue, et le tient de ma main,

Et par moi don Rodrigue a vaincu son dédain :

Ainsi de ces amants ayant formé les chaînes,

70 Je dois prendre intérêt à voir finir leurs peines.

Léonor

Madame, toutefois parmi leurs bons succès[4],

Vous montrez un chagrin qui va jusqu'à l'excès.

Cet amour, qui tous deux les comble d'allégresse,

Fait-il de ce grand cœur[5] la profonde tristesse,

75 Et ce grand intérêt que vous prenez pour eux

Vous rend-il malheureuse alors qu'ils sont heureux ?

Mais je vais trop avant et deviens indiscrète.

passage analysé

---

notes

1. rentre : rentre dans les coulisses, sort de scène.
2. son entretien : vos entretiens avec elle.
3. traits : flèches de Cupidon, dieu de l'Amour ; atteintes de l'amour.

4. parmi leurs bons succès : au milieu de leur bonheur.
5. ce grand cœur : celui de l'Infante.

L'INFANTE

Ma tristesse redouble à la tenir secrète.
Écoute, écoute enfin comme j'ai combattu,
80 Écoute quels assauts brave encor ma vertu.
L'amour est un tyran qui n'épargne personne :
Ce jeune cavalier[1], cet amant que je donne,
Je l'aime.

LÉONOR

Vous l'aimez !

L'INFANTE

Mets la main sur mon cœur,
Et vois comme il se trouble au nom de son vainqueur,
85 Comme il le reconnaît.

LÉONOR

Pardonnez-moi, Madame,
Si je sors du respect pour blâmer cette flamme,
Une grande princesse à ce point s'oublier
Que[2] d'admettre en son cœur un simple cavalier !
Et que dirait le Roi ? que dirait la Castille ?
90 Vous souvient-il encor de qui vous êtes fille ?

L'INFANTE

Il m'en souvient si bien que j'épandrai mon sang
Avant que je m'abaisse à démentir[3] mon rang.
Je te répondrais bien que dans les belles âmes
Le seul mérite a droit de produire des flammes ;
95 Et si ma passion cherchait à s'excuser,
Mille exemples fameux pourraient l'autoriser ;
Mais je n'en veux point suivre où ma gloire[4] s'engage[5] ;

passage analysé

notes ....

1. cavalier : gentilhomme, chevalier.
2. à ce point s'oublier Que : oublier son rang au point.

3. démentir : renier, trahir.
4. gloire : estime de soi, réputation.
5. s'engage : coure un risque.

43

La surprise des sens[1] n'abat point mon courage ;
Et je me dis toujours qu'étant fille de roi,
100 Tout autre qu'un monarque est indigne de moi.
Quand je vis que mon cœur ne se pouvait défendre,
Moi-même je donnai ce que je n'osai prendre.
Je mis, au lieu de moi, Chimène en ses liens,
Et j'allumai leurs feux pour éteindre les miens.
105 Ne t'étonne donc plus si mon âme gênée[2]
Avec impatience attend leur hyménée[3] :
Tu vois que mon repos en dépend aujourd'hui.
Si l'amour vit d'espoir, il périt avec lui :
C'est un feu qui s'éteint, faute de nourriture ;
110 Et malgré la rigueur de ma triste aventure,
Si Chimène a jamais Rodrigue pour mari,
Mon espérance est morte, et mon esprit guéri.
Je souffre cependant un tourment incroyable :
Jusques à cet hymen Rodrigue m'est aimable[4] ;
115 Je travaille à le perdre, et le perds à regret ;
Et de là prend son cours mon déplaisir[5] secret.
Je vois avec chagrin que l'amour me contraigne[6]
À pousser des soupirs pour ce que je dédaigne ;
Je sens en deux partis mon esprit divisé :
120 Si mon courage est haut, mon cœur est embrasé ;
Cet hymen m'est fatal[7], je le crains et souhaite :
Je n'ose en espérer qu'une joie imparfaite.
Ma gloire et mon amour ont pour moi tant d'appas[8],
Que je meurs s'il s'achève ou ne s'achève pas[9].

passage analysé

notes

1. **surprise des sens** : amour.
2. **gênée** : torturée.
3. **hyménée** : hymen, mariage.
4. **aimable** : digne d'être aimé.
5. **déplaisir** : douleur, désespoir.
6. **me contraigne** : me contraint.
7. **fatal** : mortel, qui provoque la mort.
8. **appas** : attraits.
9. **s'il s'achève ou ne s'achève pas** : que ce mariage se conclue ou non.

LÉONOR

125 Madame, après cela je n'ai rien à vous dire,
Sinon que de vos maux avec vous je soupire :
Je vous blâmais tantôt, je vous plains à présent ;
Mais puisque dans un mal si doux et si cuisant[1]
Votre vertu combat et son charme[2] et sa force,
130 En repousse l'assaut, en rejette l'amorce[3],
Elle rendra le calme à vos esprits flottants[4].
Espérez donc tout d'elle, et du secours du temps ;
Espérez tout du Ciel : il a trop de justice
Pour laisser la vertu dans un si long supplice.

L'INFANTE
135 Ma plus douce espérance est de perdre l'espoir.

LE PAGE
Par vos commandements Chimène vous vient voir.

L'INFANTE, à Léonor.
Allez l'entretenir en cette galerie.

LÉONOR
Voulez-vous demeurer dedans[5] la rêverie ?

L'INFANTE
Non, je veux seulement, malgré mon déplaisir,
140 Remettre mon visage[6] un peu plus à loisir.
Je vous suis. Juste Ciel, d'où j'attends mon remède,
Mets enfin quelque borne au mal qui me possède :
Assure mon repos, assure mon honneur.
Dans le bonheur d'autrui je cherche mon bonheur :
145 Cet hyménée à trois également importe[7] ;

notes

1. **cuisant** : douloureux.
2. **charme** : puissance ensorcelante.
3. **amorce** : appât.
4. **flottants** : troublés.
5. **dedans** : dans.

6. **Remettre mon visage** : rendre son calme à mon visage.
7. **à trois également importe** : a la même importance pour trois personnes.

Rends son effet[1] plus prompt, ou mon âme plus forte.
D'un lien conjugal joindre ces deux amants,
C'est briser tous mes fers[2] et finir mes tourments.
Mais je tarde un peu trop : allons trouver Chimène,
150 Et par son entretien soulager notre peine.

Scène 3 LE COMTE, DON DIÈGUE

(Une place publique devant le palais royal.)

LE COMTE
Enfin vous l'emportez, et la faveur du Roi
Vous élève en un rang qui n'était dû qu'à moi :
Il vous fait gouverneur du prince de Castille[3].

DON DIÈGUE
Cette marque d'honneur[4] qu'il met dans ma famille
155 Montre à tous qu'il est juste, et fait connaître assez
Qu'il sait récompenser les services passés.

LE COMTE
Pour grands que soient les rois, ils sont ce que nous sommes :
Ils peuvent se tromper comme les autres hommes ;
Et ce choix sert de preuve à tous les courtisans
160 Qu'ils savent mal payer les services présents.

DON DIÈGUE
Ne parlons plus d'un choix dont votre esprit s'irrite :
La faveur l'a pu faire autant que le mérite ;
Mais on doit ce respect au pouvoir absolu,
De n'examiner rien quand un roi l'a voulu.
165 À l'honneur qu'il m'a fait ajoutez-en un autre ;

notes

1. **effet** : réalisation.
2. **fers** : chaînes de l'amour.
3. **prince de Castille** : fils aîné du roi Don Fernand.
4. **honneur** : estime.

Joignons d'un sacré nœud[1] ma maison et la vôtre :
Vous n'avez qu'une fille, et moi je n'ai qu'un fils ;
Leur hymen nous peut rendre à jamais plus qu'amis :
Faites-nous cette grâce, et l'acceptez pour gendre.

LE COMTE

170 À des partis plus hauts ce beau fils[2] doit prétendre ;
Et le nouvel éclat de votre dignité
Lui doit enfler le cœur d'une autre vanité.
Exercez-la[3], Monsieur, et gouvernez le Prince :
Montrez-lui comme[4] il faut régir une province[5],
175 Faire trembler partout les peuples sous sa loi,
Remplir les bons d'amour, et les méchants d'effroi.
Joignez à ces vertus celles d'un capitaine[6] :
Montrez-lui comme il faut s'endurcir à la peine,
Dans le métier de Mars[7] se rendre sans égal,
180 Passer les jours entiers et les nuits à cheval,
Reposer tout armé, forcer une muraille,
Et ne devoir qu'à soi le gain d'une bataille.
Instruisez-le d'exemple[8], et rendez-le parfait,
Expliquant à ses yeux vos leçons par l'effet[9].

DON DIÈGUE

185 Pour s'instruire d'exemple, en dépit de l'envie[10],
Il lira seulement l'histoire de ma vie.
Là, dans un long tissu[11] de belles actions,
Il verra comme il faut dompter des nations,
Attaquer une place, ordonner une armée,
190 Et sur de grands exploits bâtir sa renommée.

---

notes

1. **sacré nœud** : lien sacré du mariage.
2. **ce beau fils** : expression ironique du comte.
3. **la** : cette dignité, cette charge de précepteur.
4. **comme** : comment.
5. **province** : royaume.
6. **capitaine** : chef de guerre.
7. **métier de Mars** : métier des armes. Mars est le dieu de la guerre.
8. **d'exemple** : par l'exemple.
9. **effet** : exemple pratique.
10. **en dépit de l'envie** : malgré les envieux.
11. **tissu** : suite.

LE COMTE

Les exemples vivants sont d'un autre pouvoir ;
Un prince dans un livre apprend mal son devoir.
Et qu'a fait après tout ce grand nombre d'années,
Que ne puisse égaler une de mes journées ?
195 Si vous fûtes vaillant, je le suis aujourd'hui,
Et ce bras du royaume est le plus ferme appui.
Grenade et l'Aragon[1] tremblent quand ce fer[2] brille ;
Mon nom sert de rempart à toute la Castille :
Sans moi, vous passeriez bientôt sous d'autres lois,
200 Et vous auriez bientôt vos ennemis pour rois.
Chaque jour, chaque instant, pour rehausser ma gloire,
Met lauriers sur lauriers, victoire sur victoire.
Le Prince à mes côtés ferait dans les combats
L'essai de son courage à l'ombre de[3] mon bras ;
205 Il apprendrait à vaincre en me regardant faire ;
Et pour répondre en hâte à son grand caractère[4],
Il verrait...

DON DIÈGUE

       Je le sais, vous servez bien le Roi :
Je vous ai vu combattre et commander sous moi[5].
Quand l'âge dans mes nerfs[6] a fait couler sa glace,
210 Votre rare valeur a bien rempli ma place ;
Enfin, pour épargner les discours superflus,
Vous êtes aujourd'hui ce qu'autrefois je fus.
Vous voyez toutefois qu'en cette concurrence[7]
Un monarque entre nous met quelque différence.

---

notes

1. Grenade et l'Aragon : royaumes d'Espagne longtemps indépendants et ennemis de la Castille.
2. fer : épée.
3. à l'ombre de : à l'abri de.

4. répondre [...] à son grand caractère : bien remplir ses fonctions royales.
5. sous moi : sous mes ordres.
6. nerfs : muscles.
7. concurrence : compétition (pour la charge de gouverneur).

LE COMTE

215 Ce que je méritais, vous l'avez emporté.

DON DIÈGUE

Qui l'a gagné sur vous l'avait mieux mérité.

LE COMTE

Qui peut mieux l'exercer en est bien le plus digne.

DON DIÈGUE

En être refusé[1] n'en est pas un bon signe.

LE COMTE

Vous l'avez eu par brigue[2], étant vieux courtisan.

DON DIÈGUE

220 L'éclat de mes hauts faits fut mon seul partisan.

LE COMTE

Parlons-en mieux, le Roi fait honneur à votre âge.

DON DIÈGUE

Le Roi, quand il en fait, le[3] mesure au courage.

LE COMTE

Et par là cet honneur n'était dû qu'à mon bras.

DON DIÈGUE

Qui n'a pu l'obtenir ne le méritait pas.

LE COMTE

225 Ne le méritait pas ! moi ?

DON DIÈGUE

                            Vous.

LE COMTE

                                    Ton impudence,
Téméraire vieillard, aura sa récompense.

notes ....

| **1. En être refusé :** se le voir refuser. | **3. en, le :** renvoient à *honneur.* |
| **2. brigue :** intrigue. | |

49

(Il lui donne un soufflet.)

DON DIÈGUE, *mettant l'épée à la main.*
Achève, et prends ma vie, après un tel affront,
Le premier dont ma race ait vu rougir son front.

LE COMTE
Et que penses-tu faire avec tant de faiblesse ?

DON DIÈGUE
230 Ô Dieu ! ma force usée en ce besoin[1] me laisse !

LE COMTE
Ton épée est à moi[2] ; mais tu serais trop vain[3],
Si ce honteux trophée[4] avait chargé ma main.
Adieu : fais lire au Prince, en dépit de l'envie,
Pour son instruction, l'histoire de ta vie :
235 D'un insolent discours ce juste châtiment
Ne lui servira pas d'un petit ornement[5].

Scène 4   DON DIÈGUE

Ô rage ! ô désespoir ! ô vieillesse ennemie !
N'ai-je donc tant vécu que pour cette infamie[6] ?
Et ne suis-je blanchi[7] dans les travaux guerriers
240 Que pour voir en un jour flétrir tant de lauriers ?
Mon bras qu'avec respect toute l'Espagne admire,
Mon bras, qui tant de fois a sauvé cet empire,
Tant de fois affermi le trône de son roi,
Trahit donc ma querelle[8] et ne fait rien pour moi ?
245 Ô cruel souvenir de ma gloire passée !

notes

1. **besoin** : situation critique.
2. **Ton épée est à moi** : le comte a fait sauter l'épée de Don Diègue de ses mains.
3. **vain** : fier.
4. **trophée** : dépouille d'un ennemi vaincu.
5. **ornement** : illustration, exemple.
6. **infamie** : déshonneur.
7. **ne suis-je blanchi** : n'ai-je vieilli.
8. **querelle** : cause.

Œuvre de tant de jours en un jour effacée !
Nouvelle dignité, fatale à mon bonheur !
Précipice[1] élevé d'où tombe mon honneur !
Faut-il de votre éclat voir triompher le Comte,
250 Et mourir sans vengeance, ou vivre dans la honte ?
Comte, sois de mon prince à présent gouverneur :
Ce haut rang n'admet point un homme sans honneur ;
Et ton jaloux orgueil, par cet affront insigne[2],
Malgré le choix du Roi, m'en a su rendre indigne.
255 Et toi, de mes exploits glorieux instrument,
Mais d'un corps tout de glace[3] inutile ornement,
Fer, jadis tant à craindre, et qui, dans cette offense,
M'as servi de parade[4], et non pas de défense,
Va, quitte désormais le dernier des humains,
260 Passe, pour me venger, en de meilleures mains.

Scène 5 DON DIÈGUE, DON RODRIGUE

DON DIÈGUE
Rodrigue, as-tu du cœur ?

DON RODRIGUE
                              Tout autre que mon père
L'éprouverait sur l'heure.

DON DIÈGUE
                          Agréable colère !
Digne ressentiment[5] à ma douleur bien doux !
Je reconnais mon sang à ce noble courroux[6] ;

notes

1. **précipice** : lieu élevé d'où l'on tombe.
2. **insigne** : extraordinaire.
3. **tout de glace** : refroidi par l'âge.
4. **parade** : vaine parure.
5. **ressentiment** : réaction.
6. **courroux** : colère.

265   Ma jeunesse revit en cette ardeur si prompte.
Viens, mon fils, viens, mon sang, viens réparer ma honte ;
Viens me venger.

DON RODRIGUE
          De quoi ?

DON DIÈGUE
                  D'un affront si cruel,
Qu'à l'honneur de tous deux il porte un coup mortel :
D'un soufflet. L'insolent en eût perdu la vie ;
270   Mais mon âge a trompé ma généreuse[1] envie :
Et ce fer que mon bras ne peut plus soutenir,
Je le remets au tien pour venger et punir.
Va contre un arrogant éprouver[2] ton courage :
Ce n'est que dans le sang qu'on lave un tel outrage ;
275   Meurs ou tue. Au surplus, pour ne te point flatter[3],
Je te donne à combattre un homme à redouter :
Je l'ai vu, tout couvert de sang et de poussière,
Porter partout l'effroi dans une armée entière.
J'ai vu par sa valeur cent escadrons rompus[4] ;
280   Et pour t'en dire encor quelque chose de plus,
Plus que brave soldat, plus que grand capitaine,
C'est...

DON RODRIGUE
          De grâce, achevez.

DON DIÈGUE
                Le père de Chimène.

DON RODRIGUE
Le...

notes

1. **généreuse** : noble, digne de notre rang.
2. **éprouver** : mettre à l'épreuve.
3. **flatter** : tromper.
4. **rompus** : vaincus, mis en déroute.

DON DIÈGUE

Ne réplique point, je connais ton amour ;
Mais qui peut vivre infâme est indigne du jour.
285 Plus l'offenseur est cher, et plus grande est l'offense.
Enfin tu sais l'affront, et tu tiens la vengeance[1] :
Je ne te dis plus rien. Venge-moi, venge-toi ;
Montre-toi digne fils d'un père tel que moi.
Accablé des malheurs où le destin me range[2],
290 Je vais les déplorer[3] : va, cours, vole, et nous venge.

Scène 6 DON RODRIGUE

Percé jusques au fond du cœur
D'une atteinte imprévue aussi bien que mortelle,
Misérable[4] vengeur d'une juste querelle,
Et malheureux objet d'une injuste rigueur,
295 Je demeure immobile, et mon âme abattue
Cède au coup qui me tue.
Si près de voir mon feu[5] récompensé,
Ô Dieu, l'étrange[6] peine !
En cet affront mon père est l'offensé,
300 Et l'offenseur le père de Chimène !

Que je sens de rudes combats !
Contre mon propre honneur mon amour s'intéresse[7] :
Il faut venger un père, et perdre une maîtresse[8] :
L'un m'anime le cœur, l'autre retient mon bras.
305 Réduit au triste choix ou de trahir ma flamme,

passage analysé

notes
_____

1. tu tiens la vengeance : tu as les moyens de
me venger.
2. range : condamne.
3. les déplorer : pleurer sur ces malheurs.
4. Misérable : digne de pitié.

5. feu : amour.
6. étrange : terrible, extraordinaire.
7. s'intéresse : prend parti.
8. maîtresse : femme aimée.

Ou de vivre en infâme,
Des deux côtés mon mal est infini.
Ô Dieu, l'étrange peine !
Faut-il laisser un affront impuni ?
310   Faut-il punir le père de Chimène ?

Père, maîtresse, honneur, amour,
Noble et dure contrainte, aimable tyrannie,
Tous mes plaisirs sont morts, ou ma gloire ternie.
L'un me rend malheureux, l'autre indigne du jour.
315   Cher et cruel espoir d'une âme généreuse
Mais ensemble[1] amoureuse,
Digne ennemi de mon plus grand bonheur,
Fer qui causes ma peine,
M'es-tu donné pour venger mon honneur ?
320   M'es-tu donné pour perdre ma Chimène ?

Il vaut mieux courir au trépas[2].
Je dois à[3] ma maîtresse aussi bien qu'à mon père :
J'attire en me vengeant sa haine et sa colère ;
J'attire ses mépris en ne me vengeant pas.
325   À mon plus doux espoir l'un me rend infidèle,
Et l'autre, indigne d'elle.
Mon mal augmente à le vouloir guérir[4],
Tout redouble ma peine.
Allons, mon âme ; et puisqu'il faut mourir,
330   Mourons du moins sans offenser Chimène.

passage analysé

notes
....

1. **ensemble :** en même temps.
2. **trépas :** mort.
3. **Je dois à :** j'ai des devoirs envers.
4. **à le vouloir guérir :** quand je veux le guérir.

Mourir sans tirer ma raison[1] !
Rechercher un trépas si mortel à ma gloire !
Endurer que l'Espagne impute à ma mémoire[2]
D'avoir mal soutenu l'honneur de ma maison !
335 Respecter un amour dont mon âme égarée
Voit la perte assurée !
N'écoutons plus ce penser suborneur[3],
Qui ne sert qu'à ma peine.
Allons, mon bras, sauvons du moins l'honneur,
340 Puisqu'après tout il faut perdre Chimène.

Oui, mon esprit s'était déçu[4].
Je dois tout à mon père avant qu'à ma maîtresse.
Que je meure au combat, ou meure de tristesse,
Je rendrai mon sang pur comme je l'ai reçu.
345 Je m'accuse déjà de trop de négligence :
Courons à la vengeance ;
Et tout honteux d'avoir tant balancé,
Ne soyons plus en peine,
Puisqu'aujourd'hui mon père est l'offensé,
350 Si l'offenseur est père de Chimène.

passage analysé

notes
....

1. tirer ma raison : obtenir réparation de l'offense.
2. impute à ma mémoire : m'accuse dans le souvenir qu'elle gardera de moi.

3. ce penser suborneur : cette idée trompeuse, qui détourne du devoir.
4. déçu : trompé.

Don Arias
(Yves Amyot),
Le Cid, Théâtre
du Trident, 2004.

Acte II

Scène première

DON ARIAS, LE COMTE

passage analysé

LE COMTE

Je l'avoue entre nous, mon sang un peu trop chaud
S'est trop ému d'un mot, et l'a porté trop haut[1] ;
Mais puisque c'en est fait, le coup est sans remède.

DON ARIAS

Qu'aux volontés du Roi ce grand courage[2] cède :
355   Il y[3] prend grande part, et son cœur irrité
Agira contre vous de pleine autorité.
Aussi, vous n'avez point de valable défense :
Le rang de l'offensé, la grandeur de l'offense
Demandent des devoirs et des submissions[4]
360   Qui passent le commun des satisfactions[5].

notes

1. **l'a porté trop haut** : a montré trop d'orgueil.
2. **courage** : fermeté, vaillance.
3. **y** : à cette affaire.

4. **submissions** : soumissions.
5. **passent [...] satisfactions** : dépassent les réparations ordinaires.

LE COMTE

Le Roi peut à son gré disposer de ma vie.

DON ARIAS

De trop d'emportement votre faute est suivie.
Le Roi vous aime encore ; apaisez son courroux.
Il a dit : « Je le veux » ; désobéirez-vous ?

LE COMTE

365 Monsieur, pour conserver tout ce que j'ai d'estime[1],
Désobéir un peu n'est pas un si grand crime ;
Et quelque grand qu'il[2] soit, mes services présents
Pour le faire abolir[3] sont plus que suffisants.

DON ARIAS

Quoi qu'on fasse d'illustre et de considérable,
370 Jamais à son sujet un roi n'est redevable.
Vous vous flattez beaucoup, et vous devez savoir
Que qui sert bien son roi ne fait que son devoir.
Vous vous perdrez, Monsieur, sur cette confiance[4].

LE COMTE

Je ne vous en croirai qu'après l'expérience.

DON ARIAS

375 Vous devez redouter la puissance d'un roi.

LE COMTE

Un jour seul ne perd pas un homme tel que moi.
Que toute sa grandeur[5] s'arme pour mon supplice,
Tout l'État périra, s'il faut que je périsse.

DON ARIAS

Quoi ! vous craignez si peu le pouvoir souverain...

passage analysé

notes

1. **tout ce que j'ai d'estime** : toute l'estime qu'on me porte.
2. **il** : ce crime.
3. **abolir** : pardonner, amnistier.

4. **sur cette confiance** : en vous reposant sur cette confiance en vous.
5. **sa grandeur** : la grandeur de l'État.

LE COMTE

380 D'un sceptre qui sans moi tomberait de sa main ?
Il a trop d'intérêt lui-même en ma personne,
Et ma tête en tombant ferait choir sa couronne.

DON ARIAS

Souffrez que la raison remette vos esprits.
Prenez un bon conseil[1].

LE COMTE

Le conseil en est pris.

DON ARIAS

385 Que lui dirai-je enfin ? je lui dois rendre conte[2].

LE COMTE

Que je ne puis du tout consentir à ma honte[3].

DON ARIAS

Mais songez que les rois veulent être absolus.

LE COMTE

Le sort en est jeté, Monsieur, n'en parlons plus.

DON ARIAS

Adieu donc, puisqu'en vain je tâche à vous résoudre[4] :
390 Avec tous vos lauriers, craignez encor le foudre[5].

LE COMTE

Je l'attendrai sans peur.

DON ARIAS

Mais non pas sans effet[6].

passage analysé

notes

1. **un bon conseil** : une décision sage.
2. **conte** : compte.
3. **consentir à ma honte** : accepter de me déshonorer (en faisant des excuses à Don Diègue).
4. **à vous résoudre** : de vous convaincre.
5. **le foudre** : la colère du roi. Selon une croyance antique, le laurier protégeait de la foudre.
6. **sans effet** : sans que la colère du roi se manifeste effectivement.

passage analysé

LE COMTE
Nous verrons donc par là don Diègue satisfait.

(Il est seul.)

Qui ne craint point la mort ne craint point les menaces.
J'ai le cœur au-dessus des plus fières[1] disgrâces ;
395 Et l'on peut me réduire à vivre sans bonheur,
Mais non pas me résoudre à vivre sans honneur.

Scène 2   LE COMTE, DON RODRIGUE

DON RODRIGUE
À moi, Comte, deux mots.

LE COMTE
                              Parle.

DON RODRIGUE
                                        Ôte-moi d'un doute.
Connais-tu bien don Diègue ?

LE COMTE
                              Oui.

DON RODRIGUE
                                        Parlons bas ; écoute.
Sais-tu que ce vieillard fut la même vertu[2],
400 La vaillance et l'honneur de son temps ? le sais-tu ?

LE COMTE
Peut-être.

passage analysé

notes
....

1. **fières** : cruelles.

2. **la même vertu** : le courage même, la
bravoure incarnée.

DON RODRIGUE

Cette ardeur que dans les yeux je porte,
Sais-tu que c'est son sang ? le sais-tu ?

LE COMTE

Que m'importe ?

DON RODRIGUE

À quatre pas d'ici je te le fais savoir.

LE COMTE

Jeune présomptueux !

DON RODRIGUE

Parle sans t'émouvoir[1].

405 Je suis jeune, il est vrai ; mais aux âmes bien nées[2]
La valeur n'attend point le nombre des années.

LE COMTE

Te mesurer à moi ! qui t'a rendu si vain,
Toi qu'on n'a jamais vu les armes à la main ?

DON RODRIGUE

Mes pareils à deux fois ne se font point connaître[3],
410 Et pour leurs coups d'essai veulent des coups de maître.

LE COMTE

Sais-tu bien qui je suis ?

DON RODRIGUE

Oui ; tout autre que moi
Au seul bruit de ton nom pourrait trembler d'effroi.
Les palmes[4] dont je vois ta tête si couverte
Semblent porter écrit le destin de ma perte.

passage analysé

notes

1. **t'émouvoir** : perdre ton calme.
2. **bien nées** : nobles.
3. **Mes pareils [...] connaître** : les hommes comme moi n'ont pas besoin de deux occasions pour révéler ce qu'ils sont.

4. **palmes** : lauriers de la victoire.

415 J'attaque en téméraire un bras toujours vainqueur ;
Mais j'aurai trop de force, ayant assez de cœur.
À qui venge son père il n'est rien impossible[1].
Ton bras est invaincu, mais non pas invincible.

LE COMTE
Ce grand cœur qui paraît aux discours que tu tiens,
420 Par tes yeux, chaque jour, se découvrait aux miens ;
Et croyant voir en toi l'honneur de la Castille,
Mon âme avec plaisir te destinait ma fille.
Je sais ta passion, et suis ravi de voir
Que tous ses mouvements[2] cèdent à ton devoir ;
425 Qu'ils n'ont point affaibli cette ardeur magnanime[3] ;
Que ta haute vertu répond à mon estime ;
Et que voulant pour gendre un cavalier parfait,
Je ne me trompais point au[4] choix que j'avais fait ;
Mais je sens que pour toi ma pitié s'intéresse[5] ;
430 J'admire ton courage, et je plains ta jeunesse.
Ne cherche point à faire un coup d'essai fatal ;
Dispense ma valeur d'un combat inégal ;
Trop peu d'honneur pour moi suivrait cette victoire :
À vaincre sans péril, on triomphe sans gloire.
435 On te croirait toujours abattu sans effort ;
Et j'aurais seulement le regret de ta mort.

DON RODRIGUE
D'une indigne pitié ton audace est suivie :
Qui m'ose ôter l'honneur craint de m'ôter la vie ?

LE COMTE
Retire-toi d'ici.

passage analysé

notes

1. **rien impossible** : rien d'impossible.
2. **mouvements** : élans.
3. **magnanime** : généreuse.
4. **au** : dans le.
5. **s'intéresse** : s'émeut.

DON RODRIGUE

Marchons sans discourir.

LE COMTE

Es-tu si las de vivre ?

DON RODRIGUE

As-tu peur de mourir ?

LE COMTE

Viens, tu fais ton devoir, et le fils dégénère [1]
Qui [2] survit un moment à l'honneur de son père.

passage analysé

notes

1. **dégénère** : est indigne.
2. **Qui** : s'il.

Léonor et l'Infante (Denise Verville et Eva Daigle), Théâtre du Trident, 2004.

Scène 3   L'Infante, Chimène, Léonor

L'Infante

Apaise, ma Chimène, apaise ta douleur :
Fais agir ta constance[1] en ce coup de malheur.
445   Tu reverras le calme après ce faible orage ;
Ton bonheur n'est couvert que d'un peu de nuage,
Et tu n'as rien perdu pour le voir différer.

Chimène

Mon cœur outré d'ennuis[2] n'ose rien espérer.
Un orage si prompt qui trouble une bonace[3]
450   D'un naufrage certain nous porte la menace :
Je n'en saurais douter, je péris dans le port.
J'aimais, j'étais aimée, et nos pères d'accord ;
Et je vous en contais la charmante nouvelle,
Au malheureux moment que[4] naissait leur querelle,
455   Dont le récit fatal, sitôt qu'on vous l'a fait,
D'une si douce attente a ruiné l'effet.
Maudite ambition, détestable manie[5],
Dont les plus généreux souffrent la tyrannie !
Honneur impitoyable à mes plus chers désirs,
460   Que tu vas me coûter de pleurs et de soupirs !

L'Infante

Tu n'as dans leur querelle aucun sujet de craindre :
Un moment l'a fait naître, un moment va l'éteindre.
Elle a fait trop de bruit pour ne pas s'accorder[6],
Puisque déjà le Roi les veut accommoder[7] ;

---

notes

1. **constance** : fermeté d'âme.
2. **outré d'ennuis** : accablé de douleurs.
3. **bonace** : calme plat (sur la mer).
4. **que** : où.

5. **manie** : folie.
6. **s'accorder** : s'apaiser, aboutir à un accord.
7. **accommoder** : réconcilier.

Chimène (Hélène Florent), Théâtre du Trident, 2004.

465 Et tu sais que mon âme, à tes ennuis sensible,
Pour en tarir la source y[1] fera l'impossible.

CHIMÈNE
Les accommodements ne font rien en ce point ;
De si mortels affronts ne se réparent point.
En vain on fait agir la force ou la prudence[2] :
470 Si l'on guérit le mal, ce n'est qu'en apparence.
La haine que les cœurs conservent au dedans
Nourrit des feux[3] cachés, mais d'autant plus ardents.

L'INFANTE
Le saint nœud[4] qui joindra don Rodrigue et Chimène
Des pères ennemis dissipera la haine ;
475 Et nous verrons bientôt votre amour le plus fort
Par un heureux hymen[5] étouffer ce discord[6].

CHIMÈNE
Je le souhaite ainsi plus que je ne l'espère :
Don Diègue est trop altier[7] et je connais mon père.
Je sens couler des pleurs que je veux retenir ;
480 Le passé me tourmente, et je crains l'avenir.

L'INFANTE
Que crains-tu ? d'un vieillard l'impuissante faiblesse ?

CHIMÈNE
Rodrigue a du courage.

L'INFANTE
                              Il a trop de jeunesse.

CHIMÈNE
Les hommes valeureux le sont du premier coup.

notes ....

1. **y** : en cette occasion.
2. **prudence** : sagesse.
3. **feux** : ici, passions violentes.
4. **saint nœud** : lien du mariage.

5. **hymen** : mariage.
6. **discord** : discorde.
7. **altier** : fier, orgueilleux.

L'INFANTE

Tu ne dois pas pourtant le redouter beaucoup :
485   Il est trop amoureux pour te vouloir déplaire,
Et deux mots de ta bouche arrêtent sa colère.

CHIMÈNE

S'il ne m'obéit point, quel comble à mon ennui[1] !
Et s'il peut m'obéir, que dira-t-on de lui ?
Étant né ce qu'il est, souffrir un tel outrage !
490   Soit qu'il cède ou résiste au feu qui me l'engage[2],
Mon esprit ne peut qu'être ou honteux ou confus[3],
De son trop de respect, ou d'un juste refus.

L'INFANTE

Chimène a l'âme haute, et quoiqu'intéressée[4],
Elle ne peut souffrir une basse pensée ;
495   Mais si jusques au jour de l'accommodement
Je fais mon prisonnier de ce parfait amant[5]
Et que j'empêche ainsi l'effet de son courage,
Ton esprit amoureux n'aura-t-il point d'ombrage[6] ?

CHIMÈNE

Ah ! Madame, en ce cas je n'ai plus de souci.

Scène 4   L'INFANTE, CHIMÈNE, LÉONOR, LE PAGE

L'INFANTE

500   Page, cherchez Rodrigue, et l'amenez ici.

notes

1. **ennui** : douleur, tourment.
2. **au feu qui me l'engage** : à la passion amoureuse qui l'engage envers moi.
3. **confus** : bouleversé.

4. **intéressée** : concernée.
5. **amant** : qui aime et est aimé.
6. **ombrage** : inquiétude.

LE PAGE
Le comte de Gormas[1] et lui...

CHIMÈNE

                    Bon Dieu ![2] je tremble.

L'INFANTE
Parlez.

LE PAGE

        De ce palais ils sont sortis ensemble.

CHIMÈNE
Seuls ?

LE PAGE

        Seuls, et qui semblaient tout bas se quereller.

CHIMÈNE
Sans doute[3] ils sont aux mains, il n'en[4] faut plus parler.
505 Madame, pardonnez à cette promptitude[5].

Scène 5   L'INFANTE, LÉONOR

L'INFANTE
Hélas ! que dans l'esprit je sens d'inquiétude !
Je pleure ses malheurs, son amant me ravit[6] ;
Mon repos m'abandonne, et ma flamme revit.
Ce qui va séparer Rodrigue de Chimène
510 Fait renaître à la fois mon espoir et ma peine ;
Et leur division[7], que je vois à regret,
Dans mon esprit charmé jette un plaisir secret.

notes

1. Le comte de Gormas : Don Gomès, père de Chimène.	**4. en :** renvoie à la proposition de l'Infante.
2. Bon Dieu ! : invocation, « Dieu bon ! ».	**5. à cette promptitude :** ma hâte à sortir.
3. Sans doute : certainement.	**6. me ravit :** m'inspire un amour passionné.
	7. division : séparation.

LÉONOR

Cette haute vertu qui règne dans votre âme
Se rend-elle sitôt à cette lâche flamme ?

L'INFANTE

515 Ne la nomme point lâche, à présent que chez moi
Pompeuse[1] et triomphante elle me fait la loi :
Porte-lui du respect, puisqu'elle m'est si chère.
Ma vertu la combat, mais malgré moi j'espère ;
Et d'un si fol espoir mon cœur mal défendu
520 Vole après un amant que Chimène a perdu.

LÉONOR

Vous laissez choir ainsi ce glorieux courage,
Et la raison chez vous perd ainsi son usage ?

L'INFANTE

Ah ! qu'avec peu d'effet[2] on entend la raison,
Quand le cœur[3] est atteint d'un si charmant poison !
525 Et lorsque le malade aime sa maladie,
Qu'il a peine à souffrir que l'on y remédie !

LÉONOR

Votre espoir vous séduit[4], votre mal vous est doux ;
Mais enfin ce Rodrigue est indigne de vous.

L'INFANTE

Je ne le sais que trop ; mais si ma vertu cède,
530 Apprends comme l'amour flatte[5] un cœur qu'il possède.
Si Rodrigue une fois[6] sort vainqueur du combat,
Si dessous[7] sa valeur ce grand guerrier s'abat[8],
Je puis en faire cas[9], je puis l'aimer sans honte.

notes

1. **Pompeuse** : glorieuse.
2. **effet** : efficacité.
3. **cœur** : ici, siège des sentiments.
4. **séduit** : trompe.
5. **flatte** : induit en erreur.

6. **une fois** : jamais.
7. **dessous** : sous.
8. **s'abat** : est abattu.
9. **en faire cas** : m'intéresser à lui.

Que ne fera-t-il point, s'il peut vaincre le Comte ?
535 J'ose m'imaginer qu'à ses moindres exploits
Les royaumes entiers tomberont sous ses lois ;
Et mon amour flatteur déjà me persuade
Que je le vois assis au trône de Grenade,
Les Mores[1] subjugués trembler en l'adorant,
540 L'Aragon recevoir ce nouveau conquérant,
Le Portugal[2] se rendre, et ses nobles journées[3]
Porter delà les[4] mers ses hautes destinées,
Du sang des Africains arroser ses lauriers :
Enfin tout ce qu'on dit des plus fameux guerriers,
545 Je l'attends de Rodrigue après cette victoire,
Et fais de son amour[5] un sujet de ma gloire.

LÉONOR
Mais, Madame, voyez où vous portez son bras
Ensuite[6] d'un combat qui peut-être n'est pas.

L'INFANTE
Rodrigue est offensé ; le Comte a fait l'outrage ;
550 Ils sont sortis ensemble : en faut-il davantage ?

LÉONOR
Eh bien ! ils se battront, puisque vous le voulez ;
Mais Rodrigue ira-t-il si loin que vous allez ?

L'INFANTE
Que veux-tu ? je suis folle, et mon esprit s'égare :
Tu vois par là quels maux cet amour me prépare.
555 Viens dans mon cabinet[7] consoler mes ennuis,
Et ne me quitte point dans le trouble où je suis.

notes ....

1. **Mores** : ou Maures ; Berbères et Arabes venus d'Afrique du Nord et qui ont envahi une grande partie de l'Espagne en 712.
2. Le Portugal est alors occupé par les Mores.
3. **journées** : faits d'armes accomplis en un jour.
4. **delà les** : au-delà des.
5. **son amour** : l'amour que je lui porte.
6. **Ensuite** : à la suite.
7. **cabinet** : pièce retirée dans le palais.

Scène 6

DON FERNAND

Le Comte est donc si vain et si peu raisonnable !
Ose-t-il croire encor son crime pardonnable ?

DON ARIAS

Je l'ai de votre part longtemps entretenu ;
560 J'ai fait mon pouvoir[1], Sire, et n'ai rien obtenu.

DON FERNAND

Justes cieux ! ainsi donc un sujet téméraire
A si peu de respect et de soin[2] de me plaire !
Il offense don Diègue, et méprise son roi !
Au milieu de ma cour il me donne la loi !
565 Qu'il soit brave guerrier, qu'il soit grand capitaine,
Je saurai bien rabattre une humeur[3] si hautaine.
Fût-il la valeur même, et le dieu des combats,
Il verra ce que c'est[4] que de n'obéir pas.
Quoi qu'ait pu mériter une telle insolence,
570 Je l'ai voulu d'abord traiter sans violence ;
Mais puisqu'il en abuse, allez dès aujourd'hui,
Soit qu'il résiste ou non, vous assurer de lui[5].

DON SANCHE

Peut-être un peu de temps le rendrait moins rebelle :
On l'a pris tout bouillant encor de sa querelle ;
575 Sire, dans la chaleur d'un premier mouvement,
Un cœur si généreux se rend malaisément.
Il voit bien qu'il a tort, mais une âme si haute
N'est pas sitôt[6] réduite à confesser sa faute.

notes

1. **mon pouvoir** : mon possible.
2. **soin** : souci.
3. **humeur** : caractère.

4. **ce que c'est** : ce qu'il en coûte.
5. **vous assurer de lui** : l'arrêter.
6. **sitôt** : si vite.

DON FERNAND
Don Sanche, taisez-vous, et soyez averti
580 Qu'on se rend criminel à prendre son parti.

DON SANCHE
J'obéis, et me tais ; mais de grâce encor, Sire,
Deux mots en sa défense.

DON FERNAND
                                        Et que pouvez-vous dire ?

DON SANCHE
Qu'une âme accoutumée aux grandes actions
Ne se peut abaisser à des submissions[1] :
585 Elle n'en conçoit point qui s'expliquent sans honte,
Et c'est à ce mot seul qu'a résisté le Comte.
Il trouve en son devoir un peu trop de rigueur,
Et vous obéirait, s'il avait moins de cœur.
Commandez que son bras, nourri dans les alarmes[2],
590 Répare cette injure à la pointe des armes,
Il satisfera[3], Sire ; et vienne qui voudra[4],
Attendant[5] qu'il l'ait su, voici qui répondra[6].

DON FERNAND
Vous perdez le respect ; mais je pardonne à l'âge[7],
Et j'excuse l'ardeur en un jeune courage.
595 Un roi dont la prudence a de meilleurs objets[8]
Est meilleur ménager[9] du sang de ses sujets :
Je veille pour les miens, mes soucis les conservent,
Comme le chef[10] a soin des membres qui le servent.

notes

1. **submissions :** soumissions.
2. **nourri dans les alarmes :** formé dans les combats.
3. **Il satisfera :** sous-entendu « à l'obligation de réparer l'affront ».
4. **vienne qui voudra :** quel que soit celui qui viendra.
5. **attendant :** avant même.
6. **voici qui répondra :** c'est moi qui me battrai pour lui (Don Sanche désigne son épée).
7. **l'âge :** la jeunesse de Don Sanche.
8. **objets :** intentions.
9. **meilleur ménager :** plus économe.
10. **chef :** tête.

Ainsi votre raison[1] n'est pas raison pour moi :
600 Vous parlez en soldat ; je dois agir en roi ;
Et quoi qu'on veuille dire, et quoi qu'il ose croire,
Le Comte à m'obéir[2] ne peut perdre sa gloire.
D'ailleurs l'affront me touche : il a perdu d'honneur[3]
Celui que de mon fils j'ai fait le gouverneur ;
605 S'attaquer à mon choix, c'est se prendre à moi-même,
Et faire un attentat sur le pouvoir suprême.
N'en parlons plus. Au reste, on a vu dix vaisseaux
De nos vieux ennemis arborer les drapeaux ;
Vers la bouche du fleuve[4] ils ont osé paraître.

DON ARIAS

610 Les Mores ont appris par force à vous connaître,
Et tant de fois vaincus, ils ont perdu le cœur[5]
De se plus hasarder[6] contre un si grand vainqueur.

DON FERNAND

Ils ne verront jamais sans quelque jalousie
Mon sceptre, en dépit d'eux, régir l'Andalousie ;
615 Et ce pays si beau, qu'ils ont trop possédé,
Avec un œil d'envie est toujours regardé.
C'est l'unique raison qui m'a fait dans Séville
Placer depuis dix ans le trône de Castille[7],
Pour les voir de plus près, et d'un ordre plus prompt[8]
620 Renverser aussitôt ce qu'ils entreprendront.

---

notes

1. **votre raison** : ce qui est raisonnable pour vous.
2. **à m'obéir** : en m'obéissant.
3. **a perdu d'honneur** : a déshonoré.
4. **bouche du fleuve** : embouchure du fleuve Guadalquivir.
5. **le cœur** : ici, l'envie, le courage.
6. **se plus hasarder** : se risquer davantage.
7. **Anachronisme** : Séville n'appartiendra au trône de Castille qu'en 1248.
8. **d'un ordre plus prompt** : par une réaction plus rapide.

DON ARIAS
Ils savent aux dépens de leurs plus dignes têtes
Combien votre présence assure vos conquêtes :
Vous n'avez rien à craindre.

DON FERNAND
                                    Et rien à négliger :
Le trop de confiance attire le danger ;
625 Et vous n'ignorez pas qu'avec fort peu de peine
Un flux de pleine mer[1] jusqu'ici les amène.
Toutefois j'aurais tort de jeter dans les cœurs,
L'avis étant mal sûr[2], de paniques terreurs.
L'effet que produirait cette alarme inutile,
630 Dans la nuit qui survient troublerait trop la ville :
Faites doubler la garde aux murs et sur le port.
C'est assez pour ce soir.

Scène 7

DON FERNAND, DON SANCHE,
DON ALONSE

DON ALONSE
                            Sire, le Comte est mort.
Don Diègue, par son fils, a vengé son offense.

DON FERNAND
Dès que j'ai su l'affront, j'ai prévu la vengeance ;
635 Et j'ai voulu dès lors prévenir[3] ce malheur.

DON ALONSE
Chimène à vos genoux apporte sa douleur ;
Elle vient tout en pleurs vous demander justice.

---

notes

| **1. flux de pleine mer :** forte marée venant de la haute mer. | **2. mal sûr :** encore incertain. |
| | **3. prévenir :** éviter. |

DON FERNAND
Bien qu'à ses déplaisirs[1] mon âme compatisse,
Ce que le Comte a fait semble avoir mérité
640 Ce digne[2] châtiment de sa témérité.
Quelque juste pourtant que puisse être sa peine,
Je ne puis sans regret perdre un tel capitaine.
Après un long service à mon État rendu,
Après son sang pour moi mille fois répandu,
645 À quelques sentiments que son orgueil m'oblige[3],
Sa perte m'affaiblit, et son trépas m'afflige.

Scène 8

DON FERNAND, DON DIÈGUE, CHIMÈNE,
DON SANCHE, DON ARIAS, DON ALONSE

CHIMÈNE
Sire, Sire, justice !

DON DIÈGUE
                    Ah ! Sire, écoutez-nous.

CHIMÈNE
Je me jette à vos pieds.

DON DIÈGUE
                    J'embrasse vos genoux.

CHIMÈNE
Je demande justice.

DON DIÈGUE
                    Entendez ma défense.

---

notes

1. **déplaisirs** : douleur, désespoir.
2. **digne** : juste.

3. **À quelques [...] m'oblige** : quelle que soit la colère que son orgueil m'a obligé à éprouver.

CHIMÈNE

650 D'un jeune audacieux punissez l'insolence :
Il a de votre sceptre abattu le soutien,
Il a tué mon père.

DON DIÈGUE

Il a vengé le sien.

CHIMÈNE

Au sang de ses sujets un roi doit la justice.

DON DIÈGUE

Pour la juste vengeance il n'est point de supplice.

DON FERNAND

655 Levez-vous l'un et l'autre, et parlez à loisir.
Chimène, je prends part à votre déplaisir ;
D'une égale douleur, je sens mon âme atteinte.

(À Don Diègue.)

Vous parlerez après, ne troublez pas sa plainte.

CHIMÈNE

Sire, mon père est mort ; mes yeux ont vu son sang
660 Couler à gros bouillons de son généreux flanc ;
Ce sang qui tant de fois garantit vos murailles,
Ce sang qui tant de fois vous gagna des batailles,
Ce sang qui tout sorti fume encor de courroux
De se voir répandu pour d'autres que pour vous,
665 Qu'au milieu des hasards[1] n'osait verser la guerre,
Rodrigue en votre cour vient d'en couvrir la terre.
J'ai couru sur le lieu, sans force et sans couleur :
Je l'ai trouvé sans vie. Excusez ma douleur,
Sire, la voix me manque à ce récit funeste[2] ;
670 Mes pleurs et mes soupirs vous diront mieux le reste.

notes

| **1. hasards** : dangers. | | **2. funeste** : porteur de mort.

DON FERNAND

Prends courage, ma fille, et sache qu'aujourd'hui
Ton roi te veut servir de père au lieu de lui.

CHIMÈNE

Sire, de trop d'honneur ma misère est suivie.
Je vous l'ai déjà dit, je l'ai trouvé sans vie ;
675 Son flanc était ouvert ; et pour mieux m'émouvoir,
Son sang sur la poussière écrivait mon devoir ;
Ou plutôt sa valeur en cet état réduite[1]
Me parlait par sa plaie, et hâtait ma poursuite[2] ;
Et pour se faire entendre au plus juste des rois,
680 Par cette triste bouche[3] elle empruntait ma voix.
Sire, ne souffrez pas que sous votre puissance
Règne devant vos yeux une telle licence[4] ;
Que les plus valeureux, avec impunité[5],
Soient exposés aux coups de la témérité ;
685 Qu'un jeune audacieux triomphe de leur gloire,
Se baigne dans leur sang, et brave leur mémoire.
Un si vaillant guerrier qu'on vient de vous ravir
Éteint, s'il n'est vengé, l'ardeur de vous servir.
Enfin mon père est mort, j'en demande vengeance,
690 Plus pour votre intérêt que pour mon allégeance[6].
Vous perdez en la mort[7] d'un homme de son rang :
Vengez-la par une autre, et le sang par le sang.
Immolez[8], non à moi, mais à votre couronne,
Mais à votre grandeur, mais à votre personne,
695 Immolez, dis-je, Sire, au bien de tout l'État
Tout ce[9] qu'enorgueillit un si haut attentat.

notef ....

1. **en cet état réduite** : anéantie par la mort.
2. **hâtait ma poursuite** : me pressait de poursuivre son meurtrier.
3. **cette triste bouche** : la plaie.
4. **licence** : excès de liberté.
5. **avec impunité** : sans être punis.

6. **allégeance** : soulagement, consolation.
7. **Vous perdez en la mort** : c'est une perte pour vous que la mort.
8. **Immolez** : sacrifiez.
9. **Tout ce** : désigne Rodrigue et Don Diègue.

Acte II, scène 8

DON FERNAND
Don Diègue, répondez.

DON DIÈGUE

              Qu'on est digne d'envie
Lorsqu'en perdant la force on perd aussi la vie,
Et qu'un long âge apprête[1] aux hommes généreux,
700   Au bout de leur carrière, un destin malheureux !
Moi, dont les longs travaux ont acquis tant de gloire,
Moi, que jadis partout a suivi la victoire,
Je me vois aujourd'hui, pour avoir trop vécu,
Recevoir un affront et demeurer vaincu.
705   Ce que n'a pu jamais combat, siège, embuscade,
Ce que n'a pu jamais Aragon ni Grenade,
Ni tous vos ennemis, ni tous mes envieux,
Le Comte en votre cour l'a fait presque à vos yeux,
Jaloux de votre choix, et fier de l'avantage
710   Que lui donnait sur moi l'impuissance de l'âge.
Sire, ainsi ces cheveux blanchis sous le harnois[2],
Ce sang pour vous servir prodigué tant de fois,
Ce bras, jadis l'effroi d'une armée ennemie,
Descendaient au tombeau tout chargés d'infamie,
715   Si je n'eusse produit un fils digne de moi,
Digne de son pays et digne de son roi.
Il m'a prêté sa main, il a tué le Comte ;
Il m'a rendu l'honneur, il a lavé ma honte.
Si montrer du courage et du ressentiment,
720   Si venger un soufflet mérite un châtiment,
Sur moi seul doit tomber l'éclat de la tempête[3] :
Quand le bras a failli[4], l'on en punit la tête.

---

notes

1. **un long âge apprête** : une longue vie prépare.
2. **harnois** : armure du chevalier.
3. **l'éclat de la tempête** : la colère du roi.
4. **a failli** : a commis une faute.

79

Qu'on nomme crime, ou non, ce qui fait nos débats,
Sire, j'en suis la tête, il n'en est que le bras.
725 Si Chimène se plaint qu'il a tué son père,
Il ne l'eût jamais fait si je l'eusse pu faire.
Immolez donc ce chef que les ans vont ravir,
Et conservez pour vous le bras qui peut servir.
Aux dépens de mon sang satisfaites Chimène :
730 Je n'y résiste point, je consens à ma peine ;
Et loin de murmurer d'un¹ rigoureux décret,
Mourant sans déshonneur, je mourrai sans regret.

DON FERNAND
L'affaire est d'importance, et, bien considérée,
Mérite en plein conseil d'être délibérée.
735 Don Sanche, remettez Chimène en sa maison.
Don Diègue aura ma cour et sa foi² pour prison.
Qu'on me cherche son fils. Je vous ferai justice.

CHIMÈNE
Il est juste, grand Roi, qu'un meurtrier périsse.

DON FERNAND
Prends du repos, ma fille, et calme tes douleurs.

CHIMÈNE
740 M'ordonner du repos, c'est croître³ mes malheurs.

notes

1. **murmurer d'un** : contester un.
2. **foi** : parole donnée de ne pas s'échapper.
3. **croître** : augmenter.

Acte III

Scène première

DON RODRIGUE, ELVIRE

(Chez Chimène.)

ELVIRE
Rodrigue, qu'as-tu fait ? où viens-tu, misérable ?

DON RODRIGUE
Suivre le triste cours de mon sort déplorable[1].

ELVIRE
Où prends-tu cette audace et ce nouvel orgueil,
De paraître en des lieux que tu remplis de deuil ?
745 Quoi ? viens-tu jusqu'ici braver l'ombre du Comte ?
Ne l'as-tu pas tué ?

DON RODRIGUE
                            Sa vie était ma honte :
Mon honneur de ma main a voulu cet effort.

note

I **1. déplorable :** digne d'être pleuré.

ELVIRE

Mais chercher ton asile en la maison du mort !
Jamais un meurtrier en fit-il son refuge ?

DON RODRIGUE

750 Et je n'y viens aussi que m'offrir[1] à mon juge.
Ne me regarde plus d'un visage étonné ;
Je cherche le trépas après l'avoir donné.
Mon juge est mon amour, mon juge est ma Chimène :
Je mérite la mort de mériter[2] sa haine,
755 Et j'en[3] viens recevoir, comme un bien souverain,
Et l'arrêt[4] de sa bouche, et le coup de sa main.

ELVIRE

Fuis plutôt de[5] ses yeux, fuis de sa violence ;
À ses premiers transports[6] dérobe ta présence :
Va, ne t'expose point aux premiers mouvements
760 Que poussera[7] l'ardeur de ses ressentiments.

DON RODRIGUE

Non, non, ce cher objet[8] à qui j'ai pu déplaire
Ne peut pour mon supplice avoir trop de colère
Et j'évite cent morts qui me vont accabler,
Si pour mourir plus tôt je puis la redoubler[9].

ELVIRE

765 Chimène est au palais, de pleurs toute baignée,
Et n'en reviendra point que bien accompagnée.
Rodrigue, fuis, de grâce : ôte-moi de souci[10].
Que ne dira-t-on point si l'on te voit ici ?
Veux-tu qu'un médisant, pour comble à sa misère,

---

notes

1. **que m'offrir** : que pour me présenter.
2. **de mériter** : puisque je mérite.
3. **en** : de la mort.
4. **arrêt** : sentence.
5. **de** : loin de.
6. **transports** : réactions de colère.
7. **poussera** : provoquera.
8. **objet** : femme aimée.
9. **la redoubler** : doubler sa colère.
10. **ôte-moi de souci** : délivre-moi de ce souci.

770   L'accuse d'y souffrir[1] l'assassin de son père ?
Elle va revenir ; elle vient ; je la voi[2] :
Du moins, pour son honneur, Rodrigue, cache-toi.

Scène 2

DON SANCHE, CHIMÈNE, ELVIRE

DON SANCHE
Oui, Madame, il vous faut de sanglantes victimes :
Votre colère est juste, et vos pleurs légitimes,
775   Et je n'entreprends pas, à force de parler[3],
Ni de vous adoucir, ni de vous consoler.
Mais si de vous servir je puis être capable,
Employez mon épée à punir le coupable ;
Employez mon amour à venger cette mort :
780   Sous vos commandements mon bras sera trop[4] fort.

CHIMÈNE
Malheureuse !

DON SANCHE
             De grâce, acceptez mon service[5].

CHIMÈNE
J'offenserais le Roi, qui m'a promis justice.

DON SANCHE
Vous savez qu'elle[6] marche avec tant de langueur[7],
Qu'assez souvent le crime échappe à sa longueur ;
785   Son cours lent et douteux fait trop perdre de larmes.

---

notes

1. **souffrir** : supporter, tolérer.
2. **je la voi** : je la vois (orthographe admise au XVIIe siècle).
3. **à force de parler** : par mes paroles.
4. **trop** : très.

5. **mon service** : que je mette mon bras à votre service.
6. **elle** : la justice.
7. **langueur** : lenteur.

Souffrez qu'un cavalier vous venge par les armes :
La voie en est plus sûre, et plus prompte à punir.

CHIMÈNE
C'est le dernier remède[1] ; et s'il y faut venir,
Et que de mes malheurs cette pitié vous dure[2],
790 Vous serez libre alors de venger mon injure[3].

DON SANCHE
C'est l'unique bonheur où mon âme prétend ;
Et pouvant l'espérer, je m'en vais trop content[4].

Scène 3   CHIMÈNE, ELVIRE

CHIMÈNE
Enfin, je me vois libre, et je puis sans contrainte
De mes vives douleurs te faire voir l'atteinte[5] ;
795 Je puis donner passage à mes tristes soupirs ;
Je puis t'ouvrir mon âme et tous mes déplaisirs.
Mon père est mort, Elvire ; et la première épée
Dont s'est armé Rodrigue a sa trame coupée[6].
Pleurez, pleurez, mes yeux, et fondez-vous en eau !
800 La moitié de ma vie[7] a mis l'autre[8] au tombeau,
Et m'oblige à venger, après ce coup funeste,
Celle que je n'ai plus sur celle qui me reste.

ELVIRE
Reposez-vous[9], Madame.

notes
_____

1. **remède** : solution.
2. **Et que [...] dure** : et que vous avez toujours pitié de mes malheurs.
3. **mon injure** : l'outrage que j'ai subi.
4. **trop content** : tout à fait satisfait.
5. **l'atteinte** : la blessure.
6. **a sa trame coupée** : a coupé la trame de sa vie, a mis fin à ses jours. Allusion aux Parques,

déesses du Destin, qui filaient la vie des hommes et en coupaient le fil pour les faire mourir.
7. **La moitié de ma vie** : Rodrigue.
8. **l'autre** : le père de Chimène.
9. **Reposez-vous** : calmez-vous.

CHIMÈNE

Ah ! que mal à propos
Dans un malheur si grand tu parles de repos !
805 Par où sera jamais ma douleur apaisée,
Si je ne puis haïr la main qui l'a causée ?
Et que dois-je espérer qu'un[1] tourment éternel,
Si je poursuis un crime, aimant le criminel ?

ELVIRE

Il vous prive d'un père, et vous l'aimez encore !

CHIMÈNE

810 C'est peu de dire aimer, Elvire : je l'adore ;
Ma passion s'oppose à mon ressentiment ;
Dedans[2] mon ennemi je trouve mon amant ;
Et je sens qu'en dépit de toute ma colère,
Rodrigue dans mon cœur combat encor mon père :
815 Il l'attaque, il le presse, il cède, il se défend,
Tantôt fort, tantôt faible, et tantôt triomphant ;
Mais en ce dur combat de colère et de flamme,
Il déchire mon cœur, sans partager mon âme[3] ;
Et quoi que mon amour ait sur moi de pouvoir,
820 Je ne consulte[4] point pour suivre mon devoir :
Je cours sans balancer où mon honneur m'oblige.
Rodrigue m'est bien cher, son intérêt[5] m'afflige,
Mon cœur prend son parti ; mais malgré son effort[6],
Je sais ce que je suis, et que mon père est mort.

ELVIRE

825 Pensez-vous le poursuivre[7] ?

---

notes

1. **qu'un** : sinon un.
2. **Dedans** : dans.
3. **âme** : volonté.
4. **consulte** : délibère.

5. **son intérêt** : l'amour que je lui porte.
6. **son effort** : la force de mon amour.
7. **poursuivre** : poursuivre en justice.

CHIMÈNE

                              Ah ! cruelle pensée !
Et cruelle poursuite où je me vois forcée !
Je demande sa tête, et crains de l'obtenir :
Ma mort suivra la sienne, et je le veux punir !

ELVIRE

Quittez, quittez, Madame, un dessein[1] si tragique ;
830 Ne vous imposez point de loi si tyrannique.

CHIMÈNE

Quoi ! mon père étant mort, et presque entre mes bras,
Son sang criera vengeance, et je ne l'orrai[2] pas !
Mon cœur, honteusement surpris par d'autres charmes,
Croira ne lui devoir que d'impuissantes larmes !
835 Et je pourrai souffrir qu'un amour suborneur[3]
Sous un lâche silence étouffe mon honneur !

ELVIRE

Madame, croyez-moi, vous serez excusable
D'avoir moins de chaleur[4] contre un objet aimable,
Contre un amant si cher : vous avez assez fait,
840 Vous avez vu le Roi ; n'en pressez point l'effet,
Ne vous obstinez point en cette humeur étrange[5].

CHIMÈNE

Il y va de ma gloire, il faut que je me venge ;
Et de quoi que nous flatte un désir amoureux[6],
Toute excuse est honteuse aux esprits généreux.

ELVIRE

845 Mais vous aimez Rodrigue, il ne vous peut déplaire.

notes

1. **dessein** : projet.
2. **orrai** : entendrai (futur du verbe *ouïr*).
3. **suborneur** : qui détourne du devoir.
4. **chaleur** : colère.
5. **étrange** : excessive.
6. **de quoi [...] amoureux** : quelle que soit la séduction de l'amour.

CHIMÈNE
Je l'avoue.

ELVIRE
                    Après tout[1], que pensez-vous donc faire ?

CHIMÈNE
Pour conserver ma gloire et finir mon ennui,
Le poursuivre, le perdre[2], et mourir après lui.

Scène 4

DON RODRIGUE, CHIMÈNE, ELVIRE

DON RODRIGUE
Eh bien ! sans vous donner la peine de poursuivre,
850 Assurez-vous l'honneur de m'empêcher de vivre.

CHIMÈNE
Elvire, où sommes-nous, et qu'est-ce que je vois ?
Rodrigue en ma maison ! Rodrigue devant moi !

DON RODRIGUE
N'épargnez point mon sang : goûtez sans résistance
La douceur de ma perte et de votre vengeance.

CHIMÈNE
855 Hélas !

DON RODRIGUE
            Écoute-moi.

CHIMÈNE
                    Je me meurs.

DON RODRIGUE
                            Un moment.

passage analysé

notes ....

| **1. Après tout :** en définitive. | **2. le perdre :** provoquer sa perte.

CHIMÈNE
Va, laisse-moi mourir.

DON RODRIGUE
                    Quatre mots seulement :
Après ne me réponds qu'avecque[1] cette épée.

CHIMÈNE
Quoi ! du sang de mon père encor toute trempée !

DON RODRIGUE
Ma Chimène...

CHIMÈNE
                    Ôte-moi cet objet odieux,
860 Qui reproche ton crime et ta vie à mes yeux.

DON RODRIGUE
Regarde-le plutôt pour exciter ta haine,
Pour croître ta colère, et pour hâter ma peine[2].

CHIMÈNE
Il est teint de mon sang.

DON RODRIGUE
                    Plonge-le dans le mien,
Et fais-lui perdre ainsi la teinture[3] du tien.

CHIMÈNE
865 Ah ! quelle cruauté, qui tout en un jour[4] tue
Le père par le fer, la fille par la vue !
Ôte-moi cet objet, je ne le puis souffrir :
Tu veux que je t'écoute, et tu me fais mourir !

DON RODRIGUE
Je fais ce que tu veux, mais sans quitter l'envie
870 De finir par tes mains ma déplorable vie ;

passage analysé

notes

1. **avecque** : forme ancienne de *avec*.
2. **peine** : châtiment.
3. **teinture** : couleur.
4. **tout en un jour** : en un même jour.

Car enfin n'attends pas de mon affection
Un lâche repentir d'une bonne action.
L'irréparable effet d'une chaleur trop prompte
Déshonorait mon père, et me couvrait de honte.
875 Tu sais comme un soufflet touche un homme de cœur ;
J'avais part à l'affront, j'en ai cherché l'auteur :
Je l'ai vu, j'ai vengé mon honneur et mon père ;
Je le ferais encor, si j'avais à le faire.
Ce n'est pas qu'en effet[1] contre mon père et moi
880 Ma flamme assez longtemps n'ait combattu pour toi ;
Juge de son pouvoir : dans une telle offense,
J'ai pu délibérer[2] si j'en prendrais vengeance.
Réduit à te déplaire, ou souffrir un affront,
J'ai pensé qu'à son tour mon bras était trop prompt ;
885 Je me suis accusé de trop de violence ;
Et ta beauté sans doute emportait la balance[3],
À moins que d'opposer[4] à tes plus forts appas
Qu'un homme sans honneur ne te méritait pas ;
Que malgré cette part que j'avais en ton âme,
890 Qui m'aima généreux me haïrait infâme ;
Qu'écouter ton amour, obéir à sa voix,
C'était m'en rendre indigne et diffamer[5] ton choix.
Je te le dis encore ; et quoique j'en soupire,
Jusqu'au dernier soupir je veux bien le redire :
895 Je t'ai fait une offense, et j'ai dû m'y porter[6]
Pour effacer ma honte, et pour te mériter ;
Mais quitte envers l'honneur, et quitte envers mon père,
C'est maintenant à toi que je viens satisfaire[7].
C'est pour t'offrir mon sang qu'en ce lieu tu me vois.

passage analysé

notes

1. **en effet** : en réalité.
2. **délibérer** : me demander.
3. **emportait la balance** : l'aurait emporté.
4. **À moins que d'opposer** : si je n'avais pas opposé.

5. **diffamer** : déshonorer.
6. **m'y porter** : m'y résoudre.
7. **satisfaire** : offrir réparation.

900 J'ai fait ce que j'ai dû, je fais ce que je dois.
Je sais qu'un père mort t'arme contre mon crime ;
Je ne t'ai pas voulu dérober ta victime :
Immole avec courage au sang qu'il[1] a perdu
Celui qui[2] met sa gloire à l'avoir répandu.

CHIMÈNE

905 Ah ! Rodrigue, il est vrai, quoique ton ennemie,
Je ne puis te blâmer d'avoir fui l'infamie ;
Et de quelque façon qu'éclatent mes douleurs,
Je ne t'accuse point, je pleure mes malheurs.
Je sais ce que l'honneur, après un tel outrage,
910 Demandait à l'ardeur d'un généreux courage :
Tu n'as fait le devoir que d'un homme de bien ;
Mais aussi, le faisant, tu m'as appris le mien.
Ta funeste valeur m'instruit par ta victoire ;
Elle a vengé ton père et soutenu ta gloire :
915 Même soin me regarde[3], et j'ai, pour m'affliger,
Ma gloire à soutenir et mon père à venger.
Hélas ! ton intérêt[4] ici me désespère :
Si quelque autre malheur m'avait ravi mon père,
Mon âme aurait trouvé dans le bien[5] de te voir
920 L'unique allégement qu'elle eût pu recevoir ;
Et contre ma douleur j'aurais senti des charmes,
Quand une main si chère eût essuyé mes larmes.
Mais il me faut te perdre après l'avoir perdu ;
Cet effort sur ma flamme à mon honneur est dû ;
925 Et cet affreux devoir, dont l'ordre m'assassine,
Me force à travailler moi-même à ta ruine.
Car enfin n'attends pas de mon affection

notes

1. il : le comte.
2. Celui qui : Rodrigue.
3. Même soin me regarde : j'ai le même devoir à accomplir.

4. ton intérêt : l'intérêt, l'amour que j'ai pour toi.
5. bien : bonheur.

De lâches sentiments pour ta punition[1].
De quoi qu'en ta faveur notre amour m'entretienne[2],
930 Ma générosité doit répondre à la tienne :
Tu t'es, en m'offensant, montré digne de moi ;
Je me dois, par ta mort, montrer digne de toi.

DON RODRIGUE

Ne diffère donc plus ce que l'honneur t'ordonne :
Il demande ma tête, et je te l'abandonne ;
935 Fais-en un sacrifice à ce noble intérêt[3].
Le coup m'en sera doux, aussi bien que l'arrêt.
Attendre après mon crime une lente justice,
C'est reculer ta gloire autant que mon supplice.
Je mourrai trop heureux, mourant d'un coup si beau.

CHIMÈNE

940 Va, je suis ta partie[4], et non pas ton bourreau.
Si tu m'offres ta tête, est-ce à moi de la prendre ?
Je la dois attaquer, mais tu dois la défendre ;
C'est d'un autre que toi qu'il me faut l'obtenir,
Et je dois te poursuivre, et non pas te punir.

DON RODRIGUE

945 De quoi qu'en ma faveur notre amour t'entretienne,
Ta générosité doit répondre à la mienne ;
Et pour venger un père emprunter d'autres bras,
Ma Chimène, crois-moi, c'est n'y répondre pas.
Ma main seule du mien a su venger l'offense,
950 Ta main seule du tien doit prendre la vengeance.

passage analysé

notes

1. **pour ta punition** : qui me feraient renoncer
à ton châtiment.
2. **De quoi [...] m'entretienne** : quelles que
soient les pensées que notre amour me dicte
en ta faveur.
3. **ce noble intérêt** : l'honneur.
4. **partie** : adversaire en justice.

CHIMÈNE

Cruel ! à quel propos[1] sur ce point t'obstiner ?
Tu t'es vengé sans aide, et tu m'en veux donner !
Je suivrai ton exemple, et j'ai trop de courage
Pour souffrir qu'avec toi ma gloire se partage.
955 Mon père et mon honneur ne veulent rien devoir
Aux traits de ton amour ni de ton désespoir.

DON RODRIGUE

Rigoureux point d'honneur ! hélas ! quoi que je fasse,
Ne pourrai-je à la fin obtenir cette grâce ?
Au nom d'un père mort, ou de notre amitié[2],
960 Punis-moi par vengeance, ou du moins par pitié.
Ton malheureux amant aura bien moins de peine
À mourir par ta main qu'à vivre avec ta haine.

CHIMÈNE

Va, je ne te hais point.

DON RODRIGUE

                                        Tu le dois.

CHIMÈNE

                                                        Je ne puis.

DON RODRIGUE

Crains-tu si peu le blâme, et si peu les faux bruits[3] ?
965 Quand on saura mon crime, et que ta flamme dure,
Que ne publieront[4] point l'envie et l'imposture[5] !
Force-les au silence, et, sans plus discourir,
Sauve ta renommée en me faisant mourir.

passage analysé

notes ....

1. à quel propos : pour quelle raison.
2. amitié : amour.
3. faux bruits : calomnies.

4. publieront : déclareront.
5. imposture : mensonge.

Don Rodrigue et Chimène (Jean-Sébastien Ouellette et Hélène Florent), Théâtre du Trident, 2004.

CHIMÈNE
Elle éclate bien mieux en te laissant la vie ;
970 Et je veux que la voix de la plus noire envie
Élève au ciel ma gloire et plaigne mes ennuis,
Sachant que je t'adore et que je te poursuis.
Va-t'en, ne montre plus à ma douleur extrême
Ce qu'il faut que je perde, encore que je l'aime.
975 Dans l'ombre de la nuit cache bien ton départ :
Si l'on te voit sortir, mon honneur court hasard[1].
La seule occasion qu'aura la médisance,
C'est de savoir qu'ici j'ai souffert ta présence :
Ne lui donne point lieu[2] d'attaquer ma vertu.

DON RODRIGUE
980 Que je meure !

CHIMÈNE
                    Va-t'en.

DON RODRIGUE
                              À quoi te résous-tu ?

CHIMÈNE
Malgré des feux si beaux, qui troublent ma colère,
Je ferai mon possible à bien venger mon père ;
Mais malgré la rigueur d'un si cruel devoir,
Mon unique souhait est de ne rien pouvoir.

DON RODRIGUE
985 Ô miracle d'amour !

CHIMÈNE
                    Ô comble de misères !

DON RODRIGUE
Que de maux et de pleurs nous coûteront nos pères !

passage analysé

notes

| 1. court hasard : court un danger. | 2. lieu : l'occasion.

94

CHIMÈNE
Rodrigue, qui l'eût cru ?

DON RODRIGUE
                                 Chimène, qui l'eût dit ?

CHIMÈNE
Que notre heur[1] fût si proche et sitôt se perdît ?

DON RODRIGUE
Et que si près du port, contre toute apparence[2],
990 Un orage si prompt brisât notre espérance ?

CHIMÈNE
Ah ! mortelles douleurs !

DON RODRIGUE
                                 Ah ! regrets superflus !

CHIMÈNE
Va-t'en, encore un coup[3] je ne t'écoute plus.

DON RODRIGUE
Adieu : je vais traîner une mourante vie,
Tant que[4] par ta poursuite elle me soit ravie.

CHIMÈNE
995 Si j'en obtiens l'effet, je t'engage ma foi
De ne respirer pas un moment après toi.
Adieu : sors, et surtout garde bien qu'on te voie.

ELVIRE
Madame, quelques maux que le Ciel nous envoie...

CHIMÈNE
Ne m'importune plus, laisse-moi soupirer,
1000 Je cherche le silence et la nuit pour pleurer.

passage analysé

notes ....

| 1. heur : bonheur.
| 2. apparence : prévision.

| 3. encore un coup : encore une fois.
| 4. Tant que : jusqu'à ce que.

Scène 5 DON DIÈGUE

Jamais nous ne goûtons de parfaite allégresse :
Nos plus heureux succès sont mêlés de tristesse ;
Toujours quelques soucis en ces événements
Troublent la pureté de nos contentements.
1005 Au milieu du bonheur mon âme en sent l'atteinte :
Je nage dans la joie, et je tremble de crainte.
J'ai vu mort l'ennemi qui m'avait outragé,
Et je ne saurais voir[1] la main qui m'a vengé.
En vain je m'y travaille[2], et d'un soin inutile,
1010 Tout cassé que je suis, je cours toute la ville :
Ce peu que mes vieux ans m'ont laissé de vigueur
Se consume sans fruit[3] à chercher ce vainqueur.
À toute heure, en tous lieux, dans une nuit si sombre,
Je pense l'embrasser, et n'embrasse qu'une ombre ;
1015 Et mon amour, déçu[4] par cet objet trompeur,
Se forme des soupçons qui redoublent ma peur.
Je ne découvre point de marques de sa fuite ;
Je crains du Comte mort les amis et la suite ;
Leur nombre m'épouvante, et confond[5] ma raison.
1020 Rodrigue ne vit plus, ou respire en prison.
Justes cieux ! me trompé-je encore à l'apparence,
Ou si[6] je vois enfin mon unique espérance ?
C'est lui, n'en doutons plus ; mes vœux sont exaucés,
Ma crainte est dissipée et mes ennuis cessés.

notes

1. je ne saurais voir : je n'arrive pas à voir.
2. travaille : efforce.
3. sans fruit : vainement.
4. déçu : trompé.
5. confond : trouble.
6. si : est-ce que.

Scène 6   DON DIÈGUE, DON RODRIGUE

DON DIÈGUE
1025   Rodrigue, enfin le Ciel permet que je te voie !

DON RODRIGUE
Hélas !

DON DIÈGUE
        Ne mêle point de soupirs à ma joie ;
Laisse-moi prendre haleine afin de te louer.
Ma valeur n'a point lieu de te désavouer :
Tu l'as bien imitée, et ton illustre audace
1030   Fait bien revivre en toi les héros de ma race :
C'est d'eux que tu descends, c'est de moi que tu viens :
Ton premier coup d'épée égale tous les miens ;
Et d'une belle ardeur ta jeunesse animée
Par cette grande épreuve atteint[1] ma renommée.
1035   Appui de ma vieillesse, et comble de mon heur,
Touche ces cheveux blancs à qui tu rends l'honneur,
Viens baiser cette joue, et reconnais la place
Où fut empreint l'affront que ton courage efface.

DON RODRIGUE
L'honneur vous en[2] est dû : je ne pouvais pas moins,
1040   Étant sorti[3] de vous et nourri[4] par vos soins.
Je m'en tiens trop heureux, et mon âme est ravie
Que mon coup d'essai plaise à qui je dois la vie ;
Mais parmi vos plaisirs ne soyez point jaloux
Si je m'ose à mon tour satisfaire après vous[5].
1045   Souffrez qu'en liberté mon désespoir éclate ;

notes

1. **atteint** : égale.
2. **en** : de cette victoire.
3. **sorti** : issu, né de.
4. **nourri** : élevé.
5. **Si [...] après vous** : si j'ose me donner satisfaction après l'avoir fait pour vous.

Assez et trop longtemps votre discours le flatte[1].
Je ne me repens point de vous avoir servi ;
Mais rendez-moi le bien[2] que ce coup m'a ravi.
Mon bras, pour vous venger, armé contre ma flamme,
1050 Par ce coup glorieux m'a privé de mon âme[3] ;
Ne me dites plus rien ; pour vous j'ai tout perdu :
Ce que je vous devais, je vous l'ai bien rendu.

DON DIÈGUE
Porte, porte plus haut[4] le fruit de ta victoire :
Je t'ai donné la vie, et tu me rends ma gloire ;
1055 Et d'autant que l'honneur m'est plus cher que le jour,
D'autant plus maintenant je te dois de[5] retour.
Mais d'un cœur magnanime éloigne ces faiblesses ;
Nous n'avons qu'un honneur, il est tant de maîtresses !
L'amour n'est qu'un plaisir, l'honneur est un devoir.

DON RODRIGUE
1060 Ah ! que me dites-vous ?

DON DIÈGUE
                              Ce que tu dois savoir.

DON RODRIGUE
Mon honneur offensé sur moi-même se venge,
Et vous m'osez pousser à la honte du change[6] !
L'infamie est pareille, et suit[7] également
Le guerrier sans courage et le perfide amant.
1065 À ma fidélité ne faites point d'injure ;
Souffrez-moi généreux sans me rendre parjure[8] :
Mes liens sont trop forts pour être ainsi rompus ;
Ma foi m'engage encor si je n'espère plus ;

notes

1. flatte : trompe.
2. le bien : mon amour.
3. mon âme : la femme que j'aime.
4. porte plus haut : montre-toi plus fier.
5. de : en.
6. change : infidélité, inconstance.
7. suit : poursuit.
8. parjure : traître à ma parole.

Et ne pouvant quitter ni posséder Chimène,
1070 Le trépas que je cherche est ma plus douce peine.

DON DIÈGUE

Il n'est pas temps encor de chercher le trépas ;
Ton prince et ton pays ont besoin de ton bras.
La flotte qu'on craignait, dans ce grand fleuve[1] entrée,
Croit surprendre la ville et piller la contrée.
1075 Les Mores vont descendre, et le flux[2] et la nuit
Dans une heure à nos murs les amène[3] sans bruit.
La Cour est en désordre, et le peuple en alarmes :
On n'entend que des cris, on ne voit que des larmes.
Dans ce malheur public mon bonheur a permis
1080 Que j'aie trouvé chez moi cinq cents de mes amis,
Qui sachant mon affront, poussés d'un même zèle,
Se venaient tous offrir à venger ma querelle.
Tu les a prévenus[4], mais leurs vaillantes mains
Se tremperont bien mieux au sang des Africains[5].
1085 Va marcher à leur tête où l'honneur te demande :
C'est toi que veut pour chef leur généreuse bande[6].
De ces vieux ennemis va soutenir l'abord[7] :
Là, si tu veux mourir, trouve une belle mort ;
Prends-en l'occasion, puisqu'elle t'est offerte ;
1090 Fais devoir à ton roi[8] son salut à ta perte ;
Mais reviens-en plutôt les palmes sur le front.
Ne borne pas ta gloire à venger un affront ;
Porte-la plus avant : force par ta vaillance
Ce monarque au pardon, et Chimène au silence ;
1095 Si tu l'aimes, apprends que revenir vainqueur,
C'est l'unique moyen de regagner son cœur.

notes

1. **ce grand fleuve** : le Guadalquivir.
2. **flux** : marée.
3. **amène** : accord au singulier avec le second sujet, *la nuit.*
4. **prévenus** : devancés.
5. **Africains** : il s'agit des Maures.
6. **bande** : troupe.
7. **abord** : attaque.
8. **Fais devoir à ton roi** : fais que ton roi doive.

Mais le temps est trop cher pour le perdre en paroles :
Je t'arrête en discours et[1] je veux que tu voles.
Viens, suis-moi, va combattre, et montrer à ton roi
1100 Que ce qu'il perd au Comte[2] il le recouvre en toi.

---

notes

1. **Je t'arrête en discours et :** je te retarde par mes discours alors que.

2. **au Comte :** en la personne du comte.

Scène première   CHIMÈNE, ELVIRE

CHIMÈNE
N'est-ce point un faux bruit ? le sais-tu bien, Elvire ?

ELVIRE
Vous ne croiriez jamais comme chacun l'admire,
Et porte jusqu'au ciel, d'une commune voix,
De ce jeune héros les glorieux exploits.
1105 Les Mores devant lui n'ont paru qu'à leur honte ;
Leur abord fut bien prompt, leur fuite encor plus prompte.
Trois heures de combat laissent à nos guerriers
Une victoire entière et deux rois prisonniers.
La valeur de leur chef [1] ne trouvait point d'obstacles.

CHIMÈNE
1110 Et la main de Rodrigue a fait tous ces miracles ?

note
I **1. leur chef :** Rodrigue.

ELVIRE
De ses nobles efforts ces deux rois sont le prix :
Sa main les a vaincus, et sa main les a pris.

CHIMÈNE
De qui peux-tu savoir ces nouvelles étranges ?

ELVIRE
Du peuple, qui partout fait sonner ses louanges,
1115   Le nomme de sa joie et l'objet et l'auteur,
Son ange tutélaire[1], et son libérateur.

CHIMÈNE
Et le Roi, de quel œil voit-il tant de vaillance ?

ELVIRE
Rodrigue n'ose encor paraître en sa présence ;
Mais don Diègue ravi lui présente enchaînés,
1120   Au nom de ce vainqueur, ces captifs couronnés,
Et demande pour grâce à ce généreux prince
Qu'il daigne voir la main qui sauve la province[2].

CHIMÈNE
Mais n'est-il point blessé ?

ELVIRE
                              Je n'en ai rien appris.
Vous changez de couleur ! reprenez vos esprits.

CHIMÈNE
1125   Reprenons donc aussi ma colère affaiblie :
Pour avoir soin de[3] lui faut-il que je m'oublie ?
On le vante, on le loue, et mon cœur y consent !
Mon honneur est muet, mon devoir impuissant !
Silence, mon amour, laisse agir ma colère :

---

notes

| 1. **tutélaire** : protecteur. | 3. **Pour avoir soin de** : parce que je me |
| 2. **province** : royaume. | préoccupe de. |

1130 S'il a vaincu deux rois, il a tué mon père ;
Ces tristes[1] vêtements où je lis mon malheur
Sont les premiers effets qu'ait produits sa valeur,
Et quoi qu'on die[2] ailleurs d'un cœur si magnanime,
Ici tous les objets me parlent de son crime.

1135 Vous qui rendez la force à mes ressentiments,
Voiles, crêpes, habits, lugubres ornements,
Pompe[3] que me prescrit sa première victoire,
Contre ma passion soutenez bien ma gloire ;
Et lorsque mon amour prendra trop de pouvoir,

1140 Parlez à mon esprit de mon triste devoir,
Attaquez sans rien craindre une main triomphante.

ELVIRE
Modérez ces transports, voici venir l'Infante.

Scène 2   L'INFANTE, CHIMÈNE, LÉONOR, ELVIRE

L'INFANTE
Je ne viens pas ici consoler tes douleurs ;
Je viens plutôt mêler mes soupirs à tes pleurs.

CHIMÈNE
1145 Prenez bien plutôt part à la commune joie,
Et goûtez le bonheur que le ciel vous envoie,
Madame : autre[4] que moi n'a droit de soupirer.
Le péril dont Rodrigue a su nous retirer
Et le salut public que vous rendent ses armes

1150 À moi seule aujourd'hui souffrent[5] encor les larmes :

---

notes

1. **tristes** : de deuil.
2. **die** : dise.
3. **Pompe** : décor funèbre de la maison.

4. **autre** : aucune autre.
5. **souffrent** : autorisent.

Il a sauvé la ville, il a servi son roi ;
Et son bras valeureux n'est funeste qu'à moi.

L'INFANTE
Ma Chimène, il est vrai qu'il a fait des merveilles[1].

CHIMÈNE
Déjà ce bruit fâcheux a frappé mes oreilles ;
1155 Et je l'entends partout publier hautement[2]
Aussi brave guerrier que malheureux amant.

L'INFANTE
Qu'a de fâcheux pour toi ce discours populaire[3] ?
Ce jeune Mars[4] qu'il loue a su jadis te plaire :
Il possédait ton âme, il vivait sous tes lois ;
1160 Et vanter sa valeur, c'est honorer ton choix.

CHIMÈNE
Chacun peut la vanter avec quelque justice ;
Mais pour moi sa louange[5] est un nouveau supplice.
On aigrit[6] ma douleur en l'élevant si haut :
Je vois ce que je perds quand je vois ce qu'il vaut.
1165 Ah ! cruels déplaisirs à l'esprit d'une amante !
Plus j'apprends son mérite, et plus mon feu s'augmente :
Cependant mon devoir est toujours le plus fort,
Et malgré mon amour va poursuivre[7] sa mort.

L'INFANTE
Hier ce devoir te mit en une haute estime ;
1170 L'effort que tu te fis[8] parut si magnanime,
Si digne d'un grand cœur, que chacun à la cour

---

notes

1. **merveilles** : exploits extraordinaires.
2. **publier hautement** : proclamer publiquement.
3. **populaire** : tenu par le peuple.
4. **Mars** : dieu de la guerre chez les Romains.

5. **sa louange** : le fait de le louer.
6. **aigrit** : augmente.
7. **poursuivre** : chercher à obtenir.
8. **que tu te fis** : que tu fis sur toi-même.

Admirait ton courage et plaignait ton amour.
Mais croirais-tu l'avis d'une amitié fidèle ?

CHIMÈNE
Ne vous obéir pas me rendrait criminelle.

L'INFANTE
1175 Ce qui fut juste alors ne l'est plus aujourd'hui.
Rodrigue maintenant est notre unique appui,
L'espérance et l'amour d'un peuple qui l'adore,
Le soutien de Castille, et la terreur du More.
Le Roi même est d'accord de[1] cette vérité,
1180 Que ton père en lui seul se voit ressuscité ;
Et si tu veux enfin qu'en deux mots je m'explique,
Tu poursuis en sa mort la ruine publique[2].
Quoi ! pour venger un père est-il jamais permis
De livrer sa patrie aux mains des ennemis ?
1185 Contre nous ta poursuite est-elle légitime,
Et pour être punis avons-nous part au crime ?
Ce n'est pas qu'après tout tu doives épouser
Celui qu'un père mort t'obligeait d'accuser :
Je te voudrais moi-même en arracher l'envie ;
1190 Ôte-lui ton amour, mais laisse-nous sa vie.

CHIMÈNE
Ah ! ce n'est pas à moi d'avoir tant de bonté ;
Le devoir qui m'aigrit n'a rien de limité[3].
Quoique pour ce vainqueur mon amour s'intéresse,
Quoiqu'un peuple l'adore et qu'un roi le caresse[4],
1195 Qu'il soit environné des plus vaillants guerriers,
J'irai sous mes cyprès[5] accabler ses lauriers.

notes

1. **de** : sur.
2. **Tu poursuis [...] publique** : tu cherches la ruine de l'État en demandant sa mort.
3. **n'a rien de limité** : n'a aucune limite.
4. **caresse** : flatte.
5. **cyprès** : arbres des cimetières, opposés ici aux lauriers de la victoire de Rodrigue.

L'Infante

C'est générosité quand pour venger un père
Notre devoir attaque une tête si chère ;
Mais c'en est une encor d'un plus illustre rang,
1200   Quand on donne au public[1] les intérêts du sang.
Non, crois-moi, c'est assez que d'éteindre ta flamme ;
Il sera trop puni s'il n'est plus dans ton âme.
Que le bien du pays t'impose cette loi :
Aussi bien, que crois-tu que t'accorde le Roi ?

Chimène
1205   Il peut me refuser[2], mais je ne puis me taire.

L'Infante

Pense bien, ma Chimène, à ce que tu veux faire.
Adieu : tu pourras seule y penser à loisir.

Chimène
Après mon père mort[3], je n'ai point à choisir.

Scène 3

Don Fernand, Don Diègue,
Don Arias, Don Rodrigue,
Don Sanche

(Chez le Roi.)

Don Fernand

Généreux héritier d'une illustre famille,
1210   Qui fut toujours la gloire et l'appui de Castille,
Race de tant d'aïeux en valeur signalés[4],
Que l'essai de la tienne[5] a sitôt égalés,

notes

1. **on donne au public :** on sacrifie à l'intérêt public.
2. **me refuser :** m'opposer un refus.
3. **Après mon père mort :** après la mort de mon père.

4. **en valeur signalés :** célèbres pour leur bravoure.
5. **la tienne :** ta valeur.

Pour te récompenser ma force est trop petite ;
Et j'ai moins de pouvoir que tu n'as de mérite.
1215 Le pays délivré d'un si rude ennemi,
Mon sceptre dans ma main par la tienne affermi,
Et les Mores défaits avant qu'en ces alarmes
J'eusse pu donner ordre à[1] repousser leurs armes,
Ne sont point des exploits qui laissent à ton roi
1220 Le moyen ni l'espoir de s'acquitter vers[2] toi.
Mais deux rois tes captifs feront ta récompense.
Ils t'ont nommé tous deux leur Cid[3] en ma présence :
Puisque Cid en leur langue est autant que seigneur,
Je ne t'envierai[4] pas ce beau titre d'honneur.
1225 Sois désormais le Cid : qu'à ce grand nom tout cède ;
Qu'il comble d'épouvante et Grenade et Tolède,
Et qu'il marque à tous ceux qui vivent sous mes lois
Et ce que tu me vaux[5], et ce que je te dois.

DON RODRIGUE
Que Votre Majesté, Sire, épargne ma honte[6] ;
1230 D'un si faible service elle fait trop de conte,
Et me force à rougir devant un si grand roi
De mériter si peu l'honneur que j'en reçoi[7].
Je sais trop que je dois au bien de votre empire[8],
Et le sang qui m'anime, et l'air que je respire ;
1235 Et quand je les perdrai pour un si digne objet[9],
Je ferai seulement le devoir d'un sujet.

DON FERNAND
Tous ceux que ce devoir à mon service engage
Ne s'en acquittent pas avec même courage ;

notes

1. **ordre à** : l'ordre de.
2. **vers** : envers.
3. **Cid** : du mot arabe *sidi*, « seigneur ».
4. **t'envierai** : te refuserai.
5. **tu me vaux** : tu vaux pour moi.
6. **honte** : ici, modestie.
7. **reçoi** : reçois.
8. **au bien de votre empire** : au service de votre royaume.
9. **un si digne objet** : l'État.

Et lorsque la valeur ne va point dans l'excès[1]
1240 Elle ne produit point de si rares succès.
Souffre donc qu'on te loue, et de cette victoire
Apprends-moi plus au long[2] la véritable histoire.

DON RODRIGUE
Sire, vous avez su qu'en ce danger pressant,
Qui jeta dans la ville un effroi si puissant,
1245 Une troupe d'amis chez mon père assemblée
Sollicita[3] mon âme encor toute troublée...
Mais, Sire, pardonnez à ma témérité,
Si j'osai l'employer sans votre autorité :
Le péril approchait ; leur brigade[4] était prête ;
1250 Me montrant à la cour, je hasardais[5] ma tête ;
Et s'il fallait la perdre, il m'était bien plus doux
De sortir de la vie en combattant pour vous.

DON FERNAND
J'excuse ta chaleur[6] à venger ton offense ;
Et l'État défendu me parle en ta défense :
1255 Crois que dorénavant Chimène a beau parler,
Je ne l'écoute plus que pour la consoler.
Mais poursuis.

DON RODRIGUE
                    Sous moi[7] donc cette troupe s'avance,
Et porte sur le front une mâle assurance.
Nous partîmes cinq cents ; mais par un prompt renfort
1260 Nous nous vîmes trois mille en arrivant au port,
Tant, à nous voir marcher avec un tel visage,
Les plus épouvantés reprenaient leur courage !
J'en cache les deux tiers, aussitôt qu'arrivés,

passage analysé

notes ....

1. **ne va point dans l'excès** : n'est pas
exceptionnelle.
2. **plus au long** : de façon plus détaillée.
3. **sollicita** : poussa à agir, entraîna.

4. **brigade** : troupe armée.
5. **hasardais** : risquais.
6. **chaleur** : ardeur.
7. **Sous moi** : sous mon commandement.

Don Diègue
(Roland Lepage),
Théâtre du
Trident, 2004.

Dans le fond des vaisseaux qui lors[1] furent trouvés ;
1265 Le reste, dont le nombre augmentait à toute heure,
Brûlant d'impatience autour de moi demeure,
Se couche contre terre, et sans faire aucun bruit,
Passe une bonne part d'une si belle nuit.
Par mon commandement la garde en fait de même,
1270 Et se tenant cachée, aide à mon stratagème ;
Et je feins hardiment d'avoir reçu de vous
L'ordre qu'on me voit suivre et que je donne à tous.
Cette obscure clarté qui tombe des étoiles
Enfin avec le flux nous fait voir trente voiles ;
1275 L'onde s'enfle dessous, et d'un commun effort
Les Mores et la mer montent jusques au port.
On les laisse passer ; tout leur paraît tranquille :
Point de soldats au port, point aux murs de la ville.
Notre profond silence abusant leurs esprits,
1280 Ils n'osent plus douter[2] de nous avoir surpris ;
Ils abordent sans peur, ils ancrent, ils descendent,
Et courent se livrer aux mains qui les attendent.
Nous nous levons alors, et tous en même temps
Poussons jusques au ciel mille cris éclatants.
1285 Les nôtres, à ces cris, de nos vaisseaux répondent ;
Ils paraissent[3] armés, les Mores se confondent[4],
L'épouvante les prend à demi descendus,
Avant que de combattre, ils s'estiment perdus.
Ils couraient au pillage, et rencontrent la guerre ;
1290 Nous les pressons sur l'eau, nous les pressons sur terre,
Et nous faisons courir des ruisseaux de leur sang,
Avant qu'aucun résiste ou reprenne son rang.
Mais bientôt, malgré nous, leurs princes les rallient[5] ;

passage analysé

notes ....

1. lors : alors.
2. Ils n'osent plus douter : ils sont sûrs.
3. paraissent : surgissent.
4. se confondent : s'affolent dans la confusion.
5. rallient : rassemblent.

Leur courage renaît, et leurs terreurs s'oublient[1] :
1295 La honte de mourir sans avoir combattu
Arrête leur désordre, et leur rend leur vertu.
Contre nous de pied ferme ils tirent leurs alfanges[2],
De notre sang au leur font d'horribles mélanges ;
Et la terre, et le fleuve, et leur flotte, et le port,
1300 Sont des champs de carnage où triomphe la mort.
Ô combien d'actions, combien d'exploits célèbres
Sont demeurés sans gloire au milieu des ténèbres,
Où chacun, seul témoin des grands coups qu'il donnait,
Ne pouvait discerner où le sort inclinait[3] !
1305 J'allais de tous côtés encourager les nôtres,
Faire avancer les uns, et soutenir les autres,
Ranger ceux qui venaient, les pousser à leur tour,
Et ne l'[4]ai pu savoir jusques au point du jour.
Mais enfin sa clarté montre notre avantage :
1310 Le More voit sa perte et perd soudain courage,
Et voyant un renfort qui nous vient secourir,
L'ardeur de vaincre cède à la peur de mourir.
Ils gagnent leurs vaisseaux, ils en coupent les câbles,
Poussent jusques aux cieux des cris épouvantables,
1315 Font retraite en tumulte, et sans considérer[5]
Si leurs rois avec eux peuvent se retirer.
Pour souffrir ce devoir leur frayeur est trop forte :
Le flux les apporta ; le reflux[6] les remporte,
Cependant que[7] leurs rois, engagés parmi nous[8],
1320 Et quelque peu des leurs, tous percés de nos coups,
Disputent vaillamment et vendent bien leur vie.
À se rendre moi-même en vain je les convie :

passage analysé

notes

1. **s'oublient** : sont oubliées.
2. **alfanges** : sabres courts ou cimeterres.
3. **où le sort inclinait** : de quel côté le sort penchait.
4. **l'** : renvoie à « où le sort inclinait ».

5. **considérer** : regarder.
6. **reflux** : marée descendante.
7. **Cependant que** : tandis que.
8. **engagés parmi nous** : luttant contre nous.

111

Le cimeterre au poing ils ne m'écoutent pas ;
Mais voyant à leurs pieds tomber tous leurs soldats,
1325 Et que seuls désormais en vain ils se défendent,
Ils demandent le chef : je me nomme, ils se rendent.
Je vous les envoyai tous deux en même temps ;
Et le combat cessa faute de combattants.
C'est de cette façon que, pour votre service...

Don Alonse et le Roi (Nicola-Frank Vachon et Jacques Leblanc), Théâtre du Trident, 2004.

Scène 4

DON FERNAND, DON DIÈGUE,
DON RODRIGUE, DON ARIAS,
DON ALONSE, DON SANCHE

DON ALONSE

1330 Sire, Chimène vient vous demander justice.

DON FERNAND

La fâcheuse nouvelle, et l'importun devoir !
Va, je ne la veux pas obliger à te voir.
Pour tous remerciements il faut que je te chasse ;
Mais avant que sortir, viens, que ton roi t'embrasse.

DON DIÈGUE

1335 Chimène le poursuit, et voudrait le sauver.

DON FERNAND

On m'a dit qu'elle l'aime, et je vais l'éprouver.
Montrez un œil plus triste.

Scène 5

DON FERNAND, DON DIÈGUE,
DON ARIAS, DON SANCHE,
DON ALONSE, CHIMÈNE, ELVIRE

DON FERNAND

                    Enfin soyez contente,
Chimène, le succès[1] répond à votre attente :
Si de nos ennemis Rodrigue a le dessus,
1340 Il est mort à nos yeux des coups qu'il a reçus ;
Rendez grâces au ciel, qui vous en a vengée.

(À Don Diègue.)

Voyez comme déjà sa couleur est changée.

note

| **1. succès** : issue.

114

DON DIÈGUE
Mais voyez qu'elle pâme[1], et d'un amour parfait,
Dans cette pâmoison, Sire, admirez l'effet.
1345   Sa douleur a trahi les secrets de son âme,
Et ne vous permet plus de douter de sa flamme.

CHIMÈNE
Quoi ! Rodrigue est donc mort ?

DON FERNAND
                                        Non, non, il voit le jour,
Et te conserve encore un immuable amour :
Calme cette douleur qui pour lui s'intéresse.

CHIMÈNE
1350   Sire, on pâme de joie ainsi que de tristesse ;
Un excès de plaisir nous rend tout languissants[2],
Et quand il surprend l'âme, il accable les sens.

DON FERNAND
Tu veux qu'en ta faveur[3] nous croyions l'impossible ?
Chimène, ta douleur a paru trop visible.

CHIMÈNE
1355   Eh bien ! Sire, ajoutez ce comble à mon malheur,
Nommez ma pâmoison l'effet de ma douleur :
Un juste déplaisir à ce point m'a réduite.
Son trépas dérobait sa tête à ma poursuite ;
S'il meurt des coups reçus pour le bien du pays,
1360   Ma vengeance est perdue et mes desseins trahis :
Une si belle fin m'est trop injurieuse[4].
Je demande sa mort, mais non pas glorieuse,
Non pas dans un éclat qui l'élève si haut,

notes

1. **pâme** : s'évanouit.
2. **languissants** : sans forces.
3. **en ta faveur** : pour te complaire.
4. **injurieuse** : injuste.

Non pas au lit d'honneur[1], mais sur un échafaud ;
1365 Qu'il meure pour mon père[2], et non pour la patrie ;
Que son nom soit taché, sa mémoire flétrie.
Mourir pour le pays n'est pas un triste sort ;
C'est s'immortaliser par une belle mort.
J'aime donc sa victoire, et je le puis sans crime ;
1370 Elle assure[3] l'État, et me rend ma victime,
Mais noble, mais fameuse entre tous les guerriers,
Le chef, au lieu de fleurs[4], couronné de lauriers ;
Et pour dire en un mot ce que j'en considère,
Digne d'être immolée aux mânes[5] de mon père...
1375 Hélas ! à quel espoir me laissé-je emporter !
Rodrigue de ma part n'a rien à redouter :
Que pourraient contre lui des larmes qu'on méprise ?
Pour lui tout votre empire est un lieu de franchise[6] ;
Là, sous votre pouvoir, tout lui devient permis ;
1380 Il triomphe de moi comme des ennemis.
Dans leur sang répandu la justice étouffée
Aux crimes du vainqueur sert d'un[7] nouveau trophée ;
Nous en croissons la pompe[8], et le mépris des lois
Nous fait suivre son char au milieu de deux rois.

DON FERNAND
1385 Ma fille, ces transports ont trop de violence.
Quand on rend la justice, on met tout en balance :
On a tué ton père, il était l'agresseur ;
Et la même équité[9] m'ordonne la douceur.
Avant que d'accuser ce que j'en fais paraître,
1390 Consulte bien ton cœur : Rodrigue en est le maître,

notes ....

1. lit d'honneur : champ d'honneur.
2. pour mon père : pour venger mon père.
3. assure : sauvegarde.
4. fleurs : fleurs dont, dans l'Antiquité, on parait la victime avant de l'immoler.
5. mânes : âme d'un mort.
6. franchise : liberté.
7. d'un : de.
8. Nous en croissons la pompe : nous augmentons son triomphe.
9. la même équité : l'équité même.

Et ta flamme en secret rend grâces à ton roi
Dont la faveur conserve un tel amant pour toi.

CHIMÈNE

Pour moi ! mon ennemi ! l'objet de ma colère !
L'auteur de mes malheurs ! l'assassin de mon père !
1395 De ma juste conduite on fait si peu de cas
Qu'on me croit obliger[1] en ne m'écoutant pas !
Puisque vous refusez la justice à mes larmes,
Sire, permettez-moi de recourir aux armes ;
C'est par là seulement qu'il a su m'outrager,
1400 Et c'est aussi par là que je me dois venger.
À tous vos cavaliers je demande sa tête :
Oui, qu'un d'eux me l'apporte, et je suis sa conquête ;
Qu'ils le combattent, Sire, et le combat fini,
J'épouse le vainqueur, si Rodrigue est puni.
1405 Sous votre autorité souffrez qu'on le publie.

DON FERNAND

Cette vieille coutume en ces lieux établie,
Sous couleur de[2] punir un injuste attentat,
Des meilleurs combattants affaiblit un État ;
Souvent de cet abus le succès déplorable
1410 Opprime l'innocent, et soutient le coupable.
J'en dispense Rodrigue ; il m'est trop précieux
Pour l'exposer aux coups d'un sort capricieux ;
Et quoi qu'ait pu commettre un cœur si magnanime,
Les Mores en fuyant ont emporté son crime.

DON DIÈGUE

1415 Quoi ! Sire, pour lui seul vous renversez des lois
Qu'a vu toute la Cour observer tant de fois !

notes

1. **qu'on me croit obliger** : qu'on croit m'être agréable.   2. **sous couleur de** : sous prétexte de.

Que croira votre peuple et que dira l'envie,
Si sous votre défense il ménage[1] sa vie,
Et s'en fait un prétexte à ne paraître pas
1420   Où tous les gens d'honneur cherchent un beau trépas ?
De pareilles faveurs terniraient trop sa gloire :
Qu'il goûte sans rougir les fruits de sa victoire.
Le Comte eut de l'audace, il l'en a su punir :
Il l'a fait en brave homme[2], et le doit maintenir[3].

DON FERNAND
1425   Puisque vous le voulez, j'accorde qu'il le fasse ;
Mais d'un guerrier vaincu mille prendraient la place,
Et le prix que Chimène au vainqueur a promis
De tous mes cavaliers ferait ses ennemis.
L'opposer seul à tous serait trop d'injustice :
1430   Il suffit qu'une fois il entre dans la lice[4].
Choisis qui tu voudras, Chimène, et choisis bien ;
Mais après ce combat ne demande plus rien.

DON DIÈGUE
N'excusez point par là ceux que son bras étonne[5] :
Laissez un champ ouvert, où n'entrera personne.
1435   Après ce que Rodrigue a fait voir aujourd'hui,
Quel courage assez vain s'oserait prendre à lui ?
Qui se hasarderait contre un tel adversaire ?
Qui serait ce vaillant, ou bien ce téméraire ?

DON SANCHE
Faites ouvrir le champ : vous voyez l'assaillant ;
1440   Je suis ce téméraire, ou plutôt ce vaillant.
Accordez cette grâce à l'ardeur qui me presse,
Madame : vous savez quelle est votre promesse.

notes

1. **ménage** : protège.
2. **en brave homme** : en homme brave.
3. **et le doit maintenir** : et doit le rester.
4. **lice** : arène fermée des tournois ou des duels.
5. **étonne** : frappe d'effroi.

DON FERNAND
Chimène, remets-tu ta querelle en sa main ?

CHIMÈNE
Sire, je l'ai promis.

DON FERNAND
Soyez prêt à demain.

DON DIÈGUE
1445 Non, Sire, il ne faut pas différer davantage :
On est toujours trop prêt quand on a du courage.

DON FERNAND
Sortir d'une bataille, et combattre à l'instant !

DON DIÈGUE
Rodrigue a pris haleine en vous la racontant.

DON FERNAND
Du moins une heure ou deux je veux qu'il se délasse.
1450 Mais de peur qu'en exemple un tel combat ne passe[1],
Pour témoigner à tous qu'à regret je permets
Un sanglant procédé[2] qui ne me plut jamais,
De moi ni de ma cour il n'aura la présence.

(Il parle à Don Arias.)

Vous seul des combattants jugerez la vaillance :
1455 Ayez soin que tous deux fassent[3] en gens de cœur,
Et le combat fini, m'amenez le vainqueur.
Qui qu'il soit, même prix est acquis à sa peine :
Je le veux de ma main présenter à Chimène,
Et que pour récompense il reçoive sa foi.

CHIMÈNE
1460 Quoi ! Sire, m'imposer une si dure loi !

notes

1. **de peur [...] ne passe :** de peur qu'un tel combat ne devienne un exemple.
2. **Un sanglant procédé :** le duel.
3. **fassent :** agissent.

DON FERNAND
Tu t'en plains ; mais ton feu, loin d'avouer [1] ta plainte,
Si Rodrigue est vainqueur, l'accepte[2] sans contrainte.
Cesse de murmurer contre un arrêt si doux :
Qui que ce soit des deux, j'en ferai ton époux.

Don Arias, Don Alonse, le Roi et Don Sanche (Yves Amyot, Nicola-Frank Vachon, Jacques Leblanc et Serge Bonin), Théâtre du Trident, 2004.

notes

1. **avouer** : approuver.
2. **l'accepte** : l'acceptera.

Acte V

Scène première   DON RODRIGUE, CHIMÈNE

(Chez Chimène.)

CHIMÈNE

1465 Quoi ! Rodrigue, en plein jour ! d'où te vient cette audace ?
Va, tu me perds d'honneur[1] ; retire-toi, de grâce.

DON RODRIGUE
Je vais mourir, Madame, et vous viens en ce lieu,
Avant le coup mortel, dire un dernier adieu :
Cet immuable amour qui sous vos lois m'engage
1470 N'ose accepter ma mort sans vous en faire hommage[2].

CHIMÈNE
Tu vas mourir !

---

notes

| 1. **perds d'honneur** : déshonores. | 2. **hommage** : offrande du chevalier à sa dame. |

DON RODRIGUE

Je cours à ces heureux moments
Qui vont livrer ma vie à vos ressentiments.

CHIMÈNE

Tu vas mourir ! Don Sanche est-il si redoutable
Qu'il donne l'épouvante à ce cœur indomptable ?
1475 Qui t'a rendu si faible, ou qui le rend si fort ?
Rodrigue va combattre, et se croit déjà mort !
Celui qui n'a pas craint les Mores, ni mon père,
Va combattre don Sanche, et déjà désespère !
Ainsi donc au besoin[1] ton courage s'abat !

DON RODRIGUE

1480 Je cours à mon supplice, et non pas au combat ;
Et ma fidèle ardeur sait bien m'ôter l'envie,
Quand vous cherchez ma mort, de défendre ma vie.
J'ai toujours même cœur ; mais je n'ai point de bras
Quand il faut conserver ce qui ne vous plaît pas ;
1485 Et déjà cette nuit m'aurait été mortelle,
Si j'eusse combattu pour ma seule querelle ;
Mais défendant mon roi, son peuple et mon pays,
À me défendre mal[2] je les aurais trahis.
Mon esprit généreux ne hait pas tant la vie,
1490 Qu'il en veuille sortir par une perfidie[3].
Maintenant qu'il s'agit de mon seul intérêt,
Vous demandez ma mort, j'en accepte l'arrêt.
Votre ressentiment choisit la main d'un autre
(Je ne méritais pas de mourir de la vôtre) :
1495 On ne me verra point en repousser les coups ;
Je dois plus de respect à qui combat pour vous ;
Et ravi de penser que c'est de vous qu'ils viennent,

notes
_____

1. **au besoin** : quand tu en as besoin.
2. **À me défendre mal** : en me défendant mal.

3. **perfidie** : trahison.

Puisque c'est votre honneur que ses armes soutiennent,
Je vais lui présenter mon estomac ouvert[1],
1500   Adorant en sa main la vôtre qui me perd.

CHIMÈNE

Si d'un triste devoir la juste violence,
Qui me fait malgré moi poursuivre ta vaillance,
Prescrit à ton amour une si forte loi
Qu'il te rend sans défense à qui[2] combat pour moi,
1505   En cet aveuglement ne perds pas la mémoire
Qu'ainsi que de ta vie il y va de ta gloire,
Et que dans quelque éclat que Rodrigue ait vécu,
Quand on le saura mort, on le croira vaincu.
Ton honneur t'est plus cher que je ne te suis chère,
1510   Puisqu'il trempe tes mains dans le sang de mon père,
Et te fait renoncer, malgré ta passion,
À l'espoir le plus doux de ma possession[3] :
Je t'en vois cependant faire si peu de conte
Que sans rendre combat[4] tu veux qu'on te surmonte.
1515   Quelle inégalité[5] ravale ta vertu[6] ?
Pourquoi ne l'as-tu plus, ou pourquoi l'avais-tu ?
Quoi ? n'es-tu généreux que pour me faire outrage ?
S'il ne faut m'offenser, n'as-tu point de courage ?
Et traites-tu mon père avec tant de rigueur,
1520   Qu'après l'avoir vaincu tu souffres un vainqueur ?
Va, sans vouloir mourir, laisse-moi te poursuivre,
Et défends ton honneur, si tu ne veux plus vivre.

DON RODRIGUE

Après la mort du Comte, et les Mores défaits,
Faudrait-il à ma gloire encor d'autres effets[7] ?

---

notes

1. **estomac ouvert** : poitrine nue.
2. **à qui** : devant celui qui.
3. **À l'espoir [...] possession** : à l'espoir le plus doux pour toi, celui de me posséder.
4. **rendre combat** : livrer combat.
5. **inégalité** : inconstance de caractère.
6. **ravale ta vertu** : abat ton courage.
7. **effets** : preuves.

1525   Elle peut dédaigner le soin de me défendre :
On sait que mon courage ose tout entreprendre,
Que ma valeur peut tout, et que dessous les cieux,
Auprès de[1] mon honneur, rien ne m'est précieux.
Non, non, en ce combat, quoi que vous veuilliez croire,
1530   Rodrigue peut mourir sans hasarder sa gloire,
Sans qu'on l'ose accuser d'avoir manqué de cœur,
Sans passer pour vaincu, sans souffrir un vainqueur.
On dira seulement : « Il adorait Chimène ;
Il n'a pas voulu vivre et mériter sa haine ;
1535   Il a cédé lui-même à la rigueur du sort
Qui forçait sa maîtresse à poursuivre sa mort :
Elle voulait sa tête : et son cœur magnanime,
S'il l'en eût refusée[2], eût pensé faire un crime.
Pour venger son honneur il perdit son amour,
1540   Pour venger sa maîtresse[3] il a quitté le jour,
Préférant, quelque espoir qu'eût son âme asservie,
Son honneur à Chimène, et Chimène à sa vie. »
Ainsi donc vous verrez ma mort en ce combat,
Loin d'obscurcir ma gloire, en rehausser l'éclat ;
1545   Et cet honneur suivra mon trépas volontaire,
Que[4] tout autre que moi n'eût pu vous satisfaire.

CHIMÈNE
Puisque, pour t'empêcher de courir au trépas,
Ta vie et ton honneur sont de faibles appas,
Si jamais je t'aimai, cher Rodrigue, en revanche[5],
1550   Défends-toi maintenant pour m'ôter à don Sanche ;
Combats pour m'affranchir d'une condition
Qui me donne à l'objet de mon aversion[6].

notes ....

1. **Auprès de :** en comparaison de.
2. **S'il l'en eût refusée :** s'il la lui avait refusée.
3. **Pour venger sa maîtresse :** pour que sa bien-aimée soit vengée.
4. **Que :** se rapporte à « cet honneur » ; à savoir que.
5. **en revanche :** en retour.
6. **l'objet de mon aversion :** Don Sanche.

Te dirai-je encor plus ? va, songe à ta défense,
Pour forcer mon devoir[1], pour m'imposer silence ;
1555 Et si tu sens pour moi ton cœur encore épris,
Sors vainqueur d'un combat dont Chimène est le prix.
Adieu : ce mot lâché me fait rougir de honte.

DON RODRIGUE
Est-il quelque ennemi qu'à présent je ne dompte ?
Paraissez, Navarrais, Mores et Castillans,
1560 Et tout ce que l'Espagne a nourri de vaillants ;
Unissez-vous ensemble, et faites une armée,
Pour combattre une main de la sorte animée :
Joignez tous vos efforts contre un espoir si doux ;
Pour en venir à bout, c'est trop peu que de vous[2].

Scène 2   L'INFANTE

(Chez l'Infante.)

1565 T'écouterai-je encor, respect de ma naissance[3],
        Qui fais un crime de mes feux ?
T'écouterai-je, amour dont la douce puissance
Contre ce fier tyran[4] fait révolter mes vœux[5] ?
        Pauvre princesse, auquel des deux
1570   Dois-tu prêter obéissance ?
Rodrigue, ta valeur te rend digne de moi ;
Mais pour être[6] vaillant, tu n'es pas fils de roi.

Impitoyable sort, dont la rigueur sépare
        Ma gloire d'avec mes désirs !

notes

1. **forcer mon devoir** : faire céder ma volonté d'accomplir mon devoir.
2. **c'est [...] de vous** : vous n'êtes pas en nombre suffisant.
3. **de ma naissance** : dû à mon sang royal.
4. **ce fier tyran** : le respect de sa naissance.
5. **révolter mes vœux** : résister mes désirs.
6. **pour être** : bien que tu sois.

1575   Est-il dit que le choix d'une vertu si rare
        Coûte à ma passion de si grands déplaisirs ?
                    Ô cieux ! à combien de soupirs
                    Faut-il que mon cœur se prépare,
        Si jamais il n'obtient sur[1] un si long tourment
1580   Ni d'éteindre l'amour, ni d'accepter l'amant !

        Mais c'est trop de scrupule, et ma raison s'étonne
                    Du mépris d'un si digne choix[2] :
        Bien qu'aux monarques seuls ma naissance me donne,
        Rodrigue, avec honneur je vivrai sous tes lois.
1585   Après avoir vaincu deux rois,
                    Pourrais-tu manquer de couronne ?
        Et ce grand nom de Cid que tu viens de gagner
        Ne fait-il pas trop voir sur qui tu dois régner ?

        Il est digne de moi, mais il est à Chimène ;
1590   Le don que j'en ai fait me nuit.
        Entre eux la mort d'un père a si peu mis de haine,
        Que le devoir du sang[3] à regret le poursuit :
                    Ainsi n'espérons aucun fruit
                    De son crime, ni de ma peine,
1595   Puisque pour me punir le destin a permis
        Que l'amour dure même entre deux ennemis.

Scène 3   L'INFANTE, LÉONOR

L'INFANTE
Où viens-tu, Léonor ?

notes ....

1. sur : en l'emportant sur.
2. Du mépris [...] choix : de me voir mépriser un choix aussi digne.

3. le devoir du sang : l'obligation pour Chimène de venger son père.

126

LÉONOR

                Vous applaudir, Madame,
Sur le repos qu'enfin a retrouvé votre âme.

L'INFANTE
D'où viendrait ce repos dans un comble d'ennui ?

LÉONOR
1600 Si l'amour vit d'espoir, et s'il meurt avec lui,
Rodrigue ne peut plus charmer votre courage[1].
Vous savez le combat où Chimène l'engage :
Puisqu'il faut qu'il y meure, ou qu'il soit son mari,
Votre espérance est morte et votre esprit guéri.

L'INFANTE
1605 Ah ! qu'il s'en faut encor[2] !

LÉONOR
                    Que pouvez-vous prétendre ?

L'INFANTE
Mais plutôt quel espoir me pourrais-tu défendre ?
Si Rodrigue combat sous ces conditions,
Pour en rompre l'effet[3], j'ai trop d'inventions[4].
L'amour, ce doux auteur de mes cruels supplices,
1610 Aux esprits des amants apprend trop d'artifices.

LÉONOR
Pourrez-vous quelque chose, après qu'un père mort
N'a pu dans leurs esprits allumer de discord ?
Car Chimène aisément montre par sa conduite
Que la haine aujourd'hui ne fait pas[5] sa poursuite.
1615 Elle obtient un combat, et pour son combattant
C'est le premier offert[6] qu'elle accepte à l'instant :

notes _____

1. courage : ici, cœur.
2. qu'il s'en faut encor : que j'en suis loin.
3. rompre l'effet : empêcher le résultat.
4. inventions : stratagèmes.
5. ne fait pas : ne guide pas.
6. le premier offert : le premier qui se présente.

Elle n'a point recours à ces mains généreuses
Que tant d'exploits fameux rendent si glorieuses ;
Don Sanche lui suffit, et mérite son choix,
1620   Parce qu'il va s'armer pour la première fois.
Elle aime en ce duel son peu d'expérience ;
Comme il est sans renom, elle est sans défiance ;
Et sa facilité[1] vous doit bien faire voir
Qu'elle cherche un combat qui force son devoir,
1625   Qui livre à son Rodrigue une victoire aisée,
Et l'autorise enfin à paraître apaisée.

L'INFANTE

Je le remarque assez, et toutefois mon cœur
À l'envi de[2] Chimène adore ce vainqueur.
À quoi me résoudrai-je, amante infortunée ?

LÉONOR

1630   À vous mieux souvenir de qui vous êtes née :
Le ciel vous doit un roi, vous aimez un sujet !

L'INFANTE

Mon inclination a bien changé d'objet.
Je n'aime plus Rodrigue, un simple gentilhomme ;
Non, ce n'est plus ainsi que mon amour le nomme :
1635   Si j'aime, c'est l'auteur de tant de beaux exploits,
C'est le valeureux Cid, le maître de deux rois.
Je me vaincrai pourtant, non de peur d'aucun blâme,
Mais pour ne troubler pas une si belle flamme ;
Et quand pour m'obliger[3] on l'aurait couronné,
1640   Je ne veux point reprendre un bien que j'ai donné,
Puisqu'en un tel combat sa victoire est certaine,
Allons encore un coup le donner à Chimène.

notes

1. **sa facilité** : la rapidité de son choix.
2. **À l'envi de** : en rivalité avec.
3. **quand pour m'obliger** : même si pour m'être agréable.

128

Et toi, qui vois les traits dont mon cœur est percé,
Viens me voir achever comme j'ai commencé.

Scène 4 CHIMÈNE, ELVIRE

(Chez Chimène.)

CHIMÈNE

1645 Elvire, que je souffre, et que je suis à plaindre !
Je ne sais qu'espérer, et je vois tout à craindre ;
Aucun vœu ne m'échappe où[1] j'ose consentir ;
Je ne souhaite rien sans un prompt repentir.
À deux rivaux pour moi je fais prendre les armes :
1650 Le plus heureux succès me coûtera des larmes ;
Et quoi qu'en ma faveur en ordonne le sort,
Mon père est sans vengeance, ou mon amant est mort.

ELVIRE

D'un et d'autre côté je vous vois soulagée :
Ou vous avez Rodrigue, ou vous êtes vengée ;
1655 Et quoi que le destin puisse ordonner de vous,
Il soutient votre gloire, et vous donne un époux.

CHIMÈNE

Quoi ! l'objet de ma haine ou de tant de colère !
L'assassin de Rodrigue ou celui de mon père !
De tous les deux côtés on me donne un mari
1660 Encor tout teint du sang que j'ai le plus chéri ;
De tous les deux côtés mon âme se rebelle :
Je crains plus que la mort la fin de ma querelle[2] :
Allez, vengeance, amour, qui troublez mes esprits,

notes

| 1. où : auquel. | 2. querelle : plainte en justice.

129

Vous n'avez point pour moi de douceurs à ce prix ;
1665 Et toi, puissant moteur du destin[1] qui m'outrage,
Termine ce combat sans aucun avantage[2],
Sans faire aucun des deux ni vaincu ni vainqueur.

ELVIRE
Ce serait vous traiter avec trop de rigueur.
Ce combat pour votre âme est un nouveau supplice,
1670 S'il vous laisse obligée à demander justice,
À témoigner toujours ce haut ressentiment,
Et poursuivre toujours la mort de votre amant.
Madame, il vaut bien mieux que sa rare vaillance,
Lui couronnant le front, vous impose silence ;
1675 Que la loi du combat étouffe vos soupirs,
Et que le Roi vous force à suivre vos désirs.

CHIMÈNE
Quand il sera vainqueur, crois-tu que je me rende ?
Mon devoir est trop fort, et ma perte trop grande ;
Et ce n'est pas assez pour leur[3] faire la loi[4]
1680 Que celle du combat et le vouloir[5] du Roi.
Il peut vaincre don Sanche avec fort peu de peine,
Mais non pas avec lui la gloire de Chimène ;
Et quoi qu'à sa victoire un monarque ait promis,
Mon honneur lui fera mille autres ennemis.

ELVIRE
1685 Gardez[6], pour vous punir de cet orgueil étrange,
Que le ciel à la fin ne souffre qu'on vous venge.
Quoi ! vous voulez encor refuser le bonheur
De pouvoir maintenant vous taire avec honneur ?

notes

1. **puissant moteur du destin** : Dieu, la providence divine, qu'on évite par bienséance de nommer sur scène.
2. **sans aucun avantage** : sans donner l'avantage à quiconque.

3. **leur** : représente « devoir » et « perte ».
4. **faire la loi** : imposer silence.
5. **vouloir** : volonté.
6. **Gardez** : prenez garde.

Que prétend ce devoir, et qu'est-ce qu'il espère ?
1690   La mort de votre amant vous rendra-t-elle un père ?
Est-ce trop peu pour vous que d'un coup de malheur[1] ?
Faut-il perte sur perte, et douleur sur douleur ?
Allez, dans le caprice[2] où votre humeur s'obstine,
Vous ne méritez pas l'amant qu'on vous destine ;
1695   Et nous verrons du ciel l'équitable courroux
Vous laisser, par sa mort, don Sanche pour époux.

CHIMÈNE
Elvire, c'est assez des peines que j'endure,
Ne les redouble point de ce funeste augure[3].
Je veux, si je le puis, les éviter tous deux ;
1700   Sinon, en ce combat Rodrigue a tous mes vœux :
Non qu'une folle ardeur de son côté me penche[4] ;
Mais s'il était vaincu, je serais à don Sanche ;
Cette appréhension fait naître mon souhait.
Que vois-je, malheureuse ? Elvire, c'en est fait.

Scène 5   DON SANCHE, CHIMÈNE, ELVIRE

DON SANCHE
1705   Obligé d'apporter à vos pieds cette épée...

CHIMÈNE
Quoi ? du sang de Rodrigue encor toute trempée ?
Perfide, oses-tu bien te montrer à mes yeux,
Après m'avoir ôté ce que j'aimais le mieux ?
Éclate, mon amour, tu n'as plus rien à craindre :

passage analysé

notes ....

1. **que [...] malheur** : qu'un seul coup du malheur.
2. **caprice** : attitude déraisonnable.

3. **augure** : présage.
4. **me penche** : me fasse pencher.

1710 Mon père est satisfait, cesse de te contraindre.
Un même coup a mis ma gloire en sûreté,
Mon âme au désespoir, ma flamme en liberté.

DON SANCHE
D'un esprit plus rassis[1]...

CHIMÈNE
                    Tu me parles encore,
Exécrable assassin d'un héros que j'adore ?
1715 Va, tu l'as pris en traître ; un guerrier si vaillant
N'eût jamais succombé sous un tel assaillant.
N'espère rien de moi, tu ne m'as point servie :
En croyant me venger, tu m'as ôté la vie.

DON SANCHE
Étrange impression[2], qui loin de m'écouter...

CHIMÈNE
1720 Veux-tu que de sa mort je t'écoute vanter[3],
Que j'entende à loisir avec quelle insolence
Tu peindras son malheur, mon crime et ta vaillance ?

passage analysé

Scène 6

DON FERNAND, DON DIÈGUE,
DON ARIAS, DON SANCHE,
DON ALONSE, CHIMÈNE, ELVIRE

(Chez le Roi.)

CHIMÈNE
Sire, il n'est plus besoin de vous dissimuler
Ce que tous mes efforts ne vous ont pu celer[4].
1725 J'aimais, vous l'avez su ; mais pour venger mon père,

notes

1. **rassis** : calme.
2. **impression** : réaction.
3. **vanter** : te vanter.
4. **celer** : cacher.

J'ai bien voulu proscrire[1] une tête si chère :
Votre Majesté, Sire, elle-même a pu voir
Comme j'ai fait céder mon amour au devoir.
Enfin Rodrigue est mort, et sa mort m'a changée
1730 D'implacable ennemie en amante affligée.
J'ai dû cette vengeance à qui m'a mise au jour,
Et je dois maintenant ces pleurs à mon amour.
Don Sanche m'a perdue en prenant ma défense,
Et du bras qui me perd je suis la récompense !
1735 Sire, si la pitié peut émouvoir un roi,
De grâce, révoquez une si dure loi ;
Pour prix d'une victoire où je perds ce que j'aime,
Je lui laisse mon bien ; qu'il me laisse à moi-même ;
Qu'en un cloître sacré[2] je pleure incessamment[3],
1740 Jusqu'au dernier soupir, mon père et mon amant.

DON DIÈGUE
Enfin, elle aime, Sire, et ne croit plus un crime
D'avouer par sa bouche un amour légitime.

DON FERNAND
Chimène, sors d'erreur, ton amant n'est pas mort,
Et don Sanche vaincu t'a fait un faux rapport.

DON SANCHE
1745 Sire, un peu trop d'ardeur malgré moi l'a déçue :
Je venais du combat lui raconter l'issue.
Ce généreux guerrier dont son cœur est charmé :
« Ne crains rien, m'a-t-il dit, quand il m'a désarmé ;
Je laisserais plutôt la victoire incertaine,
1750 Que de répandre un sang hasardé[4] pour Chimène ;

passage analysé

notes

1. proscrire : mettre à prix.
2. cloître sacré : couvent.
3. incessamment : sans cesse.
4. hasardé : risqué.

133

Mais puisque mon devoir m'appelle auprès du Roi,
Va de notre combat l'entretenir pour moi,
De la part du vainqueur lui porter ton épée. »
Sire, j'y suis venu : cet objet l'a trompée ;
1755 Elle m'a cru vainqueur, me voyant de retour,
Et soudain sa colère a trahi son amour
Avec tant de transport et tant d'impatience,
Que je n'ai pu gagner un moment d'audience[1].
Pour moi, bien que vaincu, je me répute[2] heureux ;
1760 Et malgré l'intérêt de mon cœur amoureux,
Perdant infiniment, j'aime encor ma défaite,
Qui fait le beau succès[3] d'une amour[4] si parfaite.

DON FERNAND
Ma fille, il ne faut point rougir d'un si beau feu,
Ni chercher les moyens d'en faire un désaveu[5].
1765 Une louable honte en vain t'en sollicite.
Ta gloire est dégagée[6] et ton honneur est quitte ;
Ton père est satisfait, et c'était le venger
Que mettre tant de fois ton Rodrigue en danger.
Tu vois comme le ciel autrement en dispose.
1770 Ayant tant fait pour lui[7], fais pour toi quelque chose,
Et ne sois point rebelle à mon commandement,
Qui te donne un époux aimé si chèrement.

passage analysé

notes

1. **audience :** attention.
2. **me répute :** m'estime.
3. **beau succès :** issue heureuse.
4. **une amour :** un amour (féminin admis au XVIIe siècle).

5. **faire un désaveu :** nier.
6. **dégagée :** libérée de ses obligations.
7. **lui :** ton père.

134

Scène 7

DON FERNAND, DON DIÈGUE,
DON ARIAS, DON RODRIGUE,
DON ALONSE, DON SANCHE, L'INFANTE,
CHIMÈNE, LÉONOR, ELVIRE

L'INFANTE
Sèche tes pleurs, Chimène, et reçois sans tristesse
Ce généreux vainqueur des mains de ta princesse.

DON RODRIGUE
1775 Ne vous offensez point, Sire, si devant vous
Un respect amoureux me jette à ses genoux.
Je ne viens point ici demander ma conquête :
Je viens tout de nouveau vous apporter ma tête,
Madame ; mon amour n'emploiera point pour moi
1780 Ni la loi du combat, ni le vouloir du Roi.
Si tout ce qui s'est fait est trop peu pour un père,
Dites par quels moyens il vous faut satisfaire.
Faut-il combattre encor mille et mille rivaux,
Aux deux bouts de la terre étendre mes travaux,
1785 Forcer moi seul un camp, mettre en fuite une armée,
Des héros fabuleux[1] passer la renommée ?
Si mon crime par là se peut enfin laver,
J'ose tout entreprendre, et puis tout achever ;
Mais si ce fier honneur, toujours inexorable,
1790 Ne se peut apaiser sans la mort du coupable,
N'armez plus contre moi le pouvoir des humains :
Ma tête est à vos pieds, vengez-vous par vos mains ;
Vos mains seules ont droit de vaincre un invincible ;
Prenez une vengeance à tout autre impossible,
1795 Mais du moins que ma mort suffise à me punir :
Ne me bannissez point de votre souvenir ;

note

| 1. **fabuleux** : de la mythologie.

Et puisque mon trépas conserve votre gloire,
Pour vous en revancher[1] conservez ma mémoire,
Et dites quelquefois, en déplorant mon sort :
1800 « S'il ne m'avait aimée, il ne serait pas mort. »

CHIMÈNE
Relève-toi, Rodrigue. Il faut l'avouer, Sire,
Je vous en ai trop dit pour m'en pouvoir dédire.
Rodrigue a des vertus que je ne puis haïr ;
Et quand un roi commande, on lui doit obéir.
1805 Mais à quoi que déjà vous m'ayez condamnée[2],
Pourrez-vous à vos yeux souffrir cet hyménée ?
Et quand de mon devoir vous voulez cet effort,
Toute votre justice en[3] est-elle d'accord ?
Si Rodrigue à l'État devient si nécessaire,
1810 De ce qu'il fait pour vous dois-je être le salaire,
Et me livrer moi-même au reproche éternel
D'avoir trempé mes mains dans le sang paternel ?

DON FERNAND
Le temps assez souvent a rendu légitime
Ce qui semblait d'abord ne se pouvoir sans crime :
1815 Rodrigue t'a gagnée, et tu dois être à lui.
Mais quoique sa valeur t'ait conquise aujourd'hui,
Il faudrait que je fusse ennemi de ta gloire
Pour lui donner sitôt le prix de sa victoire.
Cet hymen différé ne rompt point une loi
1820 Qui sans marquer de temps lui destine ta foi[4].
Prends un an, si tu veux, pour essuyer tes larmes.
Rodrigue, cependant[5], il faut prendre les armes.
Après avoir vaincu les Mores sur nos bords,

notes

1. **Pour vous en revancher** : en compensation de ma mort.
2. **à quoi [...] condamnée** : quelle que soit la loi que vous m'avez imposée.
3. **en** : sur cela.
4. **lui destine ta foi** : te donne à lui en mariage.
5. **cependant** : en attendant.

Renversé leurs desseins, repoussé leurs efforts,
1825 Va jusqu'en leur pays leur reporter la guerre,
Commander mon armée, et ravager leur terre :
À ce nom seul de Cid ils trembleront d'effroi ;
Ils t'ont nommé seigneur, et te voudront pour roi.
Mais parmi tes hauts faits sois-lui[1] toujours fidèle :
1830 Reviens-en, s'il se peut, encor plus digne d'elle ;
Et par tes grands exploits fais-toi si bien priser[2],
Qu'il lui soit glorieux alors de t'épouser.

DON RODRIGUE
Pour posséder Chimène, et pour votre service,
Que peut-on m'ordonner que mon bras n'accomplisse ?
1835 Quoi qu'absent[3] de ses yeux il me faille endurer,
Sire, ce m'est trop d'heur de pouvoir espérer.

DON FERNAND
Espère en ton courage, espère en ma promesse ;
Et possédant déjà le cœur de ta maîtresse,
Pour vaincre un point d'honneur qui combat contre toi,
1840 Laisse faire le temps, ta vaillance et ton roi.

---

notes

1. **lui** : à Chimène.
2. **priser** : estimer.

3. **absent** : éloigné.

Test de première lecture

❶ Où se déroule l'action du *Cid* ? À quelle époque ? Dans quels lieux particuliers ? Combien de temps l'action dure-t-elle ?

❷ Qui est Elvire ? Quel est son rôle dans la pièce ?

❸ Quels sont les deux prétendants de Chimène ?

❹ Quel projet suscite la joie et, en même temps, l'inquiétude chez Chimène ?

❺ Qui est l'Infante ? Quels sont ses rapports avec Chimène ?

❻ Pourquoi l'Infante n'a-t-elle pas le droit d'aimer Rodrigue ? Quel rôle joue-t-elle dans la pièce ?

❼ Quel rôle joue Léonor auprès de l'Infante ?

❽ Dans cette pièce, quel événement entraîne des suites tragiques ?

❾ À quel dilemme* Rodrigue doit-il faire face ? Quelle décision prend-il finalement ?

❿ Que demande Don Arias au comte ?

⓫ En quoi le défi que lance Rodrigue au comte est-il héroïque ? Quelle est l'issue du combat ?

⓬ Pourquoi Rodrigue accepte-t-il d'aller combattre les Mores ?

⓭ Comment le roi accueille-t-il Rodrigue ? En quoi l'issue de ce combat change-t-elle son statut ?

⓮ À quelle ruse le roi a-t-il recours pour connaître les sentiments de Chimène envers Rodrigue ? Que réclame Chimène au roi ?

⓯ Pourquoi Rodrigue se présente-t-il chez Chimène après la mort du comte ?

⓰ Qui Chimène choisit-elle pour affronter Rodrigue ?

⓱ Pourquoi la personne choisie accepte-t-elle ce duel ?

⓲ Quel quiproquo* éclate dans la dernière scène ?

⓳ Qu'accorde le roi à Chimène à la fin de la pièce ?

⓴ Qui a le dernier mot à la fin de cette pièce et pourquoi ?

* : *Cf.* Glossaire

L'étude
de l'œuvre

Quelques notions de base

En préliminaire : quelques renseignements sur le genre dramatique

Le théâtre ou le genre dramatique

Au théâtre, on représente l'action au lieu de la raconter. Les répliques sur scène construisent l'action dramatique*. Cependant, il s'agit ici d'une double énonciation*. Les personnages échangent entre eux, mais l'auteur s'adresse principalement aux spectateurs.

Dans la tragédie comme dans la comédie classique, les trois étapes de l'action dramatique sont :

- L'exposition* : les scènes qui présentent les personnages et l'intrigue. Elle doit être courte, complète et vraisemblable.

- Le nœud de l'action : le point culminant du conflit (péripéties*, coups de théâtre).

- Le dénouement* : la résolution du conflit. Il doit découler logiquement de ce qui précède.

Dans la tragédie, le dénouement est malheureux, alors que dans la comédie il est heureux.

De plus, au théâtre, il faut distinguer les notions suivantes.

- Le lieu de la fiction, tel qu'il est précisé dans le texte, qui est l'endroit où se situent les événements imaginés par le dramaturge, soit la ville de Séville, en Espagne, pour Le Cid.

- L'espace scénique, qui comprend la scène, les coulisses et l'espace de la salle où se trouve l'auditoire. Bien que l'action se passe à Séville, différents endroits sont mentionnés, tels que la maison de Chimène, l'appartement de l'Infante, la place du palais, le palais, la salle du trône, etc.

* : *Cf.* Glossaire

Dans *Le Cid*, Corneille a prétendu avoir respecté l'unité de lieu en situant toute l'action en Espagne – lieu expansif ! –, mais convenons qu'il y a en réalité plusieurs espaces scéniques que traduisent de multiples décors. Racine, qui, lui, respecte généralement cette règle, choisit un lieu de passage, espèce de vestibule neutre où il situe toutes les rencontres de ses personnages. Corneille force donc un peu la note lorsqu'il prétend respecter les règles classiques, ce que lui ont d'ailleurs reproché ses censeurs.

Par ailleurs, concernant l'unité de temps, le dramaturge lui-même reconnaît « que la règle des vingt-quatre heures presse trop les incidents de cette pièce [...] c'est l'incommodité de la règle » (*L'examen du* Cid, 1660).

On distinguera ici les notions suivantes :

- le temps de la fiction, l'époque où se situe l'intrigue, de même que la durée de celle-ci, soit environ vingt-quatre heures. Dans *Le Cid*, il faut au moins une trentaine d'heures pour que tous les événements puissent vraisemblablement se produire ;

- le temps de la représentation, la durée du spectacle sur scène, qui peut être d'une heure et demie environ.

Corneille a donc manifesté dans *Le Cid* une relative indépendance par rapport à ces règles, héritées du théâtre antique mais remises à la mode par le classicisme. Progressivement, il en viendra à les respecter, puisque, à ses yeux, elles sont l'expression de « la raison naturelle » ; elles donnent une certaine réalité, une vraisemblance à l'action dramatique.

Plusieurs autres notions sont nécessaires à l'analyse des pièces de théâtre. On trouvera ces notions regroupées à la fin du volume, dans le glossaire.

Notions relatives au théâtre au XVIIe siècle

Au XVIIe siècle, la représentation dramatique devient presque un rite social, bien organisé. Étant de loin le genre privilégié, le théâtre est ainsi susceptible d'être mieux défini et réglementé que les autres. Les descriptions de la page suivante, très synthétiques, permettent de comparer les deux formes dramatiques qui concernent *Le Cid*, en prenant en compte les personnages, l'intrigue, la structure, la thématique et le style. Nous pourrons de cette façon mieux comprendre la tragicomédie qu'est *Le Cid* par rapport à la tragédie.

Le Cid, une tragicomédie

La tragicomédie est la forme dramatique de prédilection au début du XVIIe siècle. Plus tard, le classicisme favorisera plutôt la séparation des genres. Composé au début du siècle, *Le Cid* présente plutôt les caractéristiques de la tragicomédie. Corneille toutefois la remanie pour se plier aux règles du classicisme et la rendre plus conforme au prestigieux genre, très prisé sous Louis XIV, la tragédie.

La pièce correspond à une tragicomédie d'abord parce qu'elle est assez mouvementée : la pièce connaît en effet plusieurs rebondissements, notamment liés aux tergiversations de Chimène. Corneille affectionne particulièrement les coups de théâtre, comme l'annonce prétendue de la mort de Rodrigue par le roi, Don Fernand. Par ailleurs, l'action y est menée comme dans les romans de cape et d'épée[1] de l'époque, avec une touche de romanesque, tel que l'illustrent l'amour de la jeune Chimène pour Rodrigue et son impatience au début de la pièce.

---

1. Les romans de cape et d'épée de La Calprenède (1610-1663), écrivain français, auteur de romans héroïco-galants, fictions historiques dont les personnages sont placés dans des situations romanesques (Artaban, l'amant fier).

Tableau des formes dramatiques au XVIIᵉ siècle

La tragicomédie (courant baroque)	La tragédie (courant classique)
• **Personnages** de rangs divers.	• **Personnages** de rang élevé, déchirés entre leurs devoirs envers la famille, l'État et Dieu.
• Héros masculin, fidèle à l'idéal aristocratique.	
• **Intrigue** à rebondissements multiples; intervention possible du fantastique.	• **Intrigue** concentrée, bienséante et vraisemblable; contexte de l'Antiquité gréco-romaine.
• Exploration de formes variées, structures complexes, mélange des genres.	• Composition selon la règle des trois unités, d'action, de lieu et de temps, soit un péril, en un endroit et en une journée.
• Dénouement souvent positif.	• Dénouement tragique.
• **Thématique** empruntée au courant baroque.	• **Thématique** pessimiste. Fatalité et luttes de pouvoir.
• **Style** recherché, précieux: goût pour la virtuosité, s'exprimant notamment par la richesse des figures de style.	• **Style** solennel; rythme majestueux de l'alexandrin; registre linguistique soutenu.
• **Mise en scène** orientée vers le mouvement et l'effet de surprise, etc., notamment par l'usage des machines.	• **Mise en scène** sobre, qui met l'accent sur le caractère cérémoniel de la représentation.

La farce (courant baroque)	La comédie (influences baroque et classique)
• **Personnages** archétypaux (traits grossis et répétitifs).	• **Personnages** issus de la bourgeoisie d'une complexité variable.
• **Intrigue**: opposition élémentaire entre personnages sympathiques (les gagnants) et personnages ridicules (les perdants).	• **Intrigue**: conflits de générations et de caractères dans le contexte de la vie quotidienne.
• Pièce courte; liberté d'invention.	• Composition en cinq actes (généralement), très flexible.
• **Thématique**: caricature des travers des personnes âgées, qui sont opposées aux jeunes.	• **Thématique** des grands défauts humains; thèmes de l'amour et de l'argent.
• **Style**: influence de la *commedia dell'arte*; divertissement facile.	• **Style**: grande variation, qui va de la farce au ton plus sérieux.
• **Mise en scène** qui utilise tous les registres du comique, associés à un jeu corporel.	• **Mise en scène** qui emprunte à la farce les procédés comiques, tout en s'orientant vers le raffinement.

*: Cf. Glossaire

Quant aux règles des trois unités et à celles de la bienséance, elles ne sont pas scrupuleusement respectées comme cela devrait être dans les tragédies. Corneille dira lui-même dans *L'examen du Cid* qu'il ne peut « dénier que la règle des vingt et quatre heures presse trop les incidents de cette pièce ». Même l'unité d'action n'est pas observée puisque l'amour de l'Infante pour Rodrigue s'ajoute à l'intrigue principale.

De plus, la vraisemblance et la bienséance sont bafouées par le comportement de Chimène : est-il convenable que l'héroïne exprime au meurtrier de son père la folle passion qu'elle a pour lui ? Par ailleurs, contrairement à la tragédie où le dénouement doit être sanglant et funeste, celui de la tragicomédie est heureux. Pourtant, on peut affirmer que *Le Cid* est une œuvre qui prépare l'avènement du classicisme, grâce à cette forme d'intériorisation de l'action qui sera développée dans la tragédie.

Le Cid et la tragédie

Dans *La poétique*, Aristote[2] avait laissé un ensemble de règles pour écrire une bonne tragédie. La première exigence est de plaire ; viennent ensuite celles de susciter la crainte et la pitié, puis de respecter la vraisemblance, et celle des trois unités. À cela, la doctrine classique ajoutera les règles de bienséance. Corneille revendique donc pour sa pièce l'appellation de tragédie : si des passions violentes y sont présentes, elles sont en revanche contrôlées par la raison. Ainsi, on voit émerger le héros cornélien, tiraillé entre l'amour et le devoir familial ou politique, et qui doit surmonter plusieurs épreuves pour se réaliser complètement.

---

2. Aristote, philosophe grec, disciple de Platon, a écrit, entre autres, une étude sur la création et les genres littéraires, telles *La poétique* et *La rhétorique*.

Pour Rodrigue :

- la première épreuve est le duel contre celui qui a déshonoré son père ; si le héros ne venge pas son père, il ne peut être digne de celle qu'il aime ;

- la seconde est le sacrifice de l'amour lorsqu'il doit faire face à la gloire : pour venger son honneur, le héros doit triompher du comte, qui n'est autre que le père de Chimène, et son triomphe ne peut que le mener à la rupture entre lui et Chimène ;

- la troisième est le combat contre les Mores : l'héroïsme sert la gloire du roi.

Pour Chimène :

- la première épreuve est d'apprendre que le meurtrier de son père n'est autre que celui qu'elle aime ;

- la seconde est de sacrifier son amour pour être vengée et demeurer digne de Rodrigue.

Tous les deux font preuve de volonté lucide, qualité par ailleurs fondée sur la raison. Cependant, contrairement aux personnages de Racine, Rodrigue et Chimène ne sont pas victimes d'une fatalité qui les domine ; ils décident librement de faire passer l'honneur avant l'amour. Corneille suscite ainsi l'admiration envers des personnages hors du commun.

Par ailleurs, dans la tragédie, les classiques visent avant tout la vraisemblance. Selon ce principe, il faut montrer les choses comme elles doivent être. Le dramaturge ne doit pas montrer ce qui s'est réellement passé, mais ce à quoi on peut s'attendre selon l'idée que l'on se fait du vrai, en respectant la bienséance. Corneille ne s'est pas plié à ce principe. Est-il en effet concevable que Chimène épouse le meurtrier de son père ? Corneille, qui suit en ce point l'intrigue de la pièce espagnole qui l'a inspiré, répond oui à cette question. Son génie le porte à aller au-delà de la vraisemblance, à sortir ses personnages d'un cadre qu'il trouve trop étroit. N'est-on pas en droit de se demander aujourd'hui si ces choix ne sont pas les plus susceptibles de séduire un jeune public, en quête de modèles inspirants ?

L'étude de l'œuvre
par acte en s'appuyant
sur des extraits

Le Cid, la pièce

Étape préparatoire à l'analyse ou à la dissertation : compréhension du passage en tenant compte du contexte

❶ Situez l'extrait en procédant de la façon suivante :

a) dites ce qui s'est passé avant le lever du rideau ;

b) résumez l'extrait lui-même et montrez l'intérêt de ce passage dans la compréhension de la pièce ;

c) résumez ce que le spectateur apprend de nouveau dans la suite de l'acte*.

❷ Le premier acte remplit-il la fonction qui lui est normalement attribuée, soit de présenter les informations nécessaires à la compréhension de la pièce ? Répondez à l'aide des sous-questions suivantes.

a) Quels sont les personnages présentés dans les deux premières scènes et que sait-on de leurs relations, de leur passé, de leurs projets, de leurs problèmes, etc. ?

b) Quels sont les différents événements annoncés dans ces deux scènes ?

c) Relevez les vers ou les mots qui contribuent à la tonalité* tragique de cette entrée en matière.

d) Comparez la première scène avec la deuxième.

e) Comment peut-on voir que Chimène et l'Infante sont de rang supérieur à leur confidente* ?

❸ Comment expliquez-vous les craintes de Chimène dans les vers 53 à 56 ?

*: *Cf.* Glossaire

❹ Relevez les termes qui traduisent le caractère guerrier de la société dans laquelle vivent Chimène et Elvire.

❺ Selon quels critères juge-t-on de la qualité d'un prétendant dans la société du XVIIe siècle ? En quoi cela diffère-t-il de notre façon actuelle de juger de la qualité des gens ?

❻ Que peut-on déduire du caractère de Chimène à la suite de la lecture de cette scène ?

❼ Que doit surveiller Léonor dans le comportement de l'Infante ?

❽ À quelle exigence de la société du XVIIe siècle, donc celle de Corneille, semble répondre le comportement de l'Infante ?

❾ À la fin des deux premières scènes, comment apparaît Rodrigue ? Quelle connaissance avons-nous de lui ? Relevez des passages qui illustrent votre réponse.

❿ Après la lecture de ces deux scènes, que peut-on déduire des qualités qui sont attendues des hommes dans cette société ?

⓫ En quoi les attentes par rapport aux femmes semblent-elles différentes ? Que peut-on déduire de la conception de l'amour ?

.... **Vers la rédaction** ....

⓬ Suivez les étapes proposées dans le but de rédiger une introduction qui conviendrait au sujet qui suit.

Sujet : En vous appuyant sur la scène 2, montrez que l'Infante est un personnage classique.

  a) Parmi les formulations suivantes, choisissez celle qui pourrait le mieux convenir au « sujet amené ».

    a. L'esprit du *Cid* est classique en ce qu'il respecte les règles de bienséance qui commencent à s'imposer à la société au début du XVIIe siècle.

    b. À l'époque de Corneille, le théâtre devient un événement littéraire et social grâce au mécénat de Richelieu.

c. *Le Cid* est une pièce baroque; cependant, l'influence du classicisme y est palpable.

d. Dans *Le Cid*, certains personnages respectent les normes classiques de la société précieuse pour faire plaisir au public de l'époque.

b) Parmi les suivantes, choisissez les idées principales qui pourront articuler le développement, tout en tenant compte du sujet.

a. Dans la conception du personnage de l'Infante, Corneille se plie au critère de bienséance.

b. L'Infante illustre le comportement qu'on attend de la noblesse au XVIIe siècle, donc elle se plie au critère de vraisemblance.

c. L'Infante illustre les qualités de l'héroïne classique, soit la maîtrise de soi et le sens de la grandeur.

d. Fille du roi, l'Infante doit épouser un homme qui correspond à son statut social, sinon elle perd le respect qu'elle se doit à elle-même.

c) Rédigez l'introduction en utilisant vos réponses précédentes de façon pertinente et en complétant le tout pour qu'on y retrouve les articulations suivantes, soit le « sujet amené », « le sujet posé » (accompagné d'une courte présentation de la pièce et de la situation de l'extrait) et « le sujet divisé ».

d) En suivant la démarche ci-dessus, rédigez l'introduction du sujet suivant:

En vous référant aux qualités jugées essentielles par la noblesse à l'époque du *Cid*, expliquez les raisons qui motivent le comte de Gormas à choisir Rodrigue comme époux pour Chimène.

Cette scène prend la forme de stances*, c'est-à-dire d'un mono-logue* lyrique dont la structure poétique est composée d'un nom-bre variable de strophes, habituellement du même type.

❶ Présentez les différentes parties de ces stances.

❷ Quel champ lexical* domine dans les deux premières strophes ? Lequel relevez-vous dans les trois dernières strophes ?

❸ Dans ces stances, on retrouve un monologue délibératif* où Rodrigue est aux prises avec un dilemme. De quel dilemme s'agit-il ?

❹ Quels arguments vous semblent déterminants dans la décision finale de Rodrigue ?

❺ Quels changements se sont opérés chez Rodrigue entre le début et la fin de ces stances ?

❻ Étudiez, dans ces stances, la versification*.

❼ Une sorte de refrain se retrouve à la fin de chaque strophe. Relevez les termes qui le composent et expliquez l'effet qu'il produit.

.... **Vers la rédaction** ....

❽ Dans ces stances, montrez les étapes par lesquelles passe le héros cornélien. Adoptez la démarche suivante pour chacun des paragraphes.

    a) Formulez en ouverture la phrase-clé qui présente l'idée prin-cipale du paragraphe.

    b) Présentez deux ou trois idées secondaires.

    c) Illustrez-les par des citations ou des exemples.

    d) Terminez le paragraphe par une phrase de clôture ou une phrase de transition, au choix.

* : *Cf.* Glossaire

Vous pouvez vous inspirer des idées qui suivent.

- Combat et révélation progressive d'une vérité intérieure.
- Le héros, un être sensible, lucide.
- Le héros est submergé par les déchirements et les contra-
dictions.
- Le héros est la proie de souffrances intenses.
- Le héros n'a pas peur d'affronter la mort.
- Le héros ne renie pas ses origines.
- Le héros ne fuit pas devant son devoir.
- Le héros est prêt à se sacrifier devant ses obligations.
- La maîtrise de soi.

❷ Prévoyez faire la révision en étapes successives :

a) une première révision qui concerne le sens ;

b) une deuxième révision d'ordre orthographique et grammatical ;

c) et, si possible, une dernière révision qui part de la fin du texte pour remonter vers le début.

Corneille, Le Cid, acte II, scènes 1 et 2

Extrait, pages 57 à 63, vers 351 à 442

❶ Situez et résumez les deux scènes.

❷ Expliquez l'intérêt de ces deux scènes par rapport à ce qui précède et à ce qui suit, à l'aide des sous-questions ci-dessous.

   a) En quoi les deux scènes contribuent-elles à confirmer la connaissance que nous avons des personnages ?

   b) En quoi apportent-elles un éclairage nouveau sur l'action ?

❸ Qui est Don Arias ? Quelle mission lui confie le roi ?
Tenez compte des sous-questions suivantes en apportant chaque fois des preuves à l'appui (exemples ou citations).

   a) Que recherche-t-il ?

   b) Qui est indirectement concerné par l'affront que subit Don Diègue ?

   c) Évaluez la gravité de la situation.

❹ L'extrait oppose deux visions différentes de la relation au roi. Expliquez cette opposition en vous appuyant sur les arguments des deux personnages.

   a) Qui le comte de Gormas brave-t-il ouvertement ?

   b) Peut-on juger ce comportement vraisemblable dans un siècle qui favorise le pouvoir royal absolu ?

   c) Selon vous, est-ce que de s'excuser tout simplement peut effacer la gravité de l'offense et la conduite irrespectueuse envers un vieillard ?

❺ Décrivez la personnalité du comte en présentant des preuves à l'appui.

❻ Pourquoi Rodrigue cherche-t-il la discrétion dans le défi lancé au comte ?

Le Cid

7 Que suggère le fait que Rodrigue tutoie le comte?

8 Montrez comment se traduit, sur le plan formel, l'attaque de Rodrigue dans les vers 397 à 415, en tenant compte des éléments suivants:

   a) la syntaxe (type de phrases* retenues);

   b) le temps des verbes;

   c) la ponctuation;

   d) le choix du vers;

   e) le rythme des répliques.

9 Relevez le champ lexical de l'honneur ou de la fierté dans les tirades de Rodrigue et du comte de Gormas.

10 Relevez deux sentences* dans la scène 2.

.... **Vers la rédaction** ....

11 Faites le plan de rédaction sur un des sujets suivants concernant l'extrait.

Sujet 1: Montrez que Rodrigue est présenté comme une figure héroïque.

Pour élaborer le développement, vous pouvez tenir compte des aspects suivants:

   a) déchirement du héros entre le devoir et la passion;

   b) caractère sublime de son héroïsme: il défend son nom et sa lignée;

   c) sacrifice de l'amour en affrontant le comte;

   d) quête douloureuse à travers une succession d'épreuves;

*: *Cf.* Glossaire

e) une des épreuves qui révèle ici son courage héroïque est le duel contre le comte, invaincu jusque-là ;

f) avec dignité et grandeur, Rodrigue affronte l'idée de la mort prochaine ;

g) Rodrigue sait qu'il doit venger son honneur pour être aimé de Chimène, car leur conception commune de l'amour est héroïque.

Sujet 2 : Montrez que, dans la scène 1, les deux personnages incarnent des visions différentes du rapport au roi.

Don Gomès (le comte de Gormas)

a) En accord avec les traditions féodales, le comte se considère comme aussi puissant que le roi.

b) Don Gomès est un personnage fier de ses exploits, sûr de lui-même ; il conteste la décision du roi.

c) C'est un seigneur rebelle ; son orgueil aristocratique l'emporte sur la justice du souverain.

d) Le comte ne se soumet pas au roi qui cherche à remplacer le duel par sa propre justice ; d'où son refus de présenter des excuses publiques à Don Diègue.

Don Arias

a) Répond au désir du roi en essayant de régler le conflit entre les deux familles puissantes du royaume.

b) C'est le choix du roi qui est remis en question par le comte ; pour Don Arias, le roi est directement concerné par ce déshonneur.

c) Pour Don Arias, le comportement du comte est anachronique ; il est hérité du Moyen Âge et fort improbable à l'époque de Louis XIII.

Questionnaire sur le texte de Corneille

❶ Dans quel lieu et à quel moment de la journée l'action se déroule-t-elle ?

❷ Repérez les différentes parties de ce duel verbal.

Pour répondre, tenez compte des sous-questions suivantes en apportant chaque fois des preuves à l'appui (exemples ou citations).

a) Qu'expose Rodrigue au début de la scène ?

b) Quel conflit intérieur avoue-t-il à Chimène ?

c) À quoi l'exhorte-t-il ?

d) Que doit poursuivre Chimène malgré elle ?

❸ Parmi les caractères suivants attribués à l'héroïsme au XVIIᵉ siècle, lesquels sont ici incarnés par nos deux héros ?

a) Ce sont des êtres exceptionnels placés dans des situations hors du commun.

b) Ce sont des êtres d'exception aux prises avec des idéaux incompatibles mais d'égale valeur (ici l'amour et l'honneur).

c) Leur comportement transcende celui du commun des hommes.

d) Ce sont des êtres lucides qui ont le courage, l'élan et la volonté d'agir selon leur idéal, en surmontant les conflits et les difficultés.

e) Malgré les souffrances intenses, ils atteignent la gloire grâce à leur volonté.

f) Tous les deux sortent grandis de leurs épreuves.

g) Ce sont des êtres qu'on admire.

Lectures croisées

❹ Cette scène illustre le caractère baroque de la pièce, notamment par le fait que Corneille ne se plie pas aux critères de bienséance. Compte tenu du fait que ces critères impliquent que les personnages doivent adopter un comportement moral exemplaire, expliquez en quoi ces derniers contreviennent ici à cette obligation.

Vous pouvez tenir compte des idées suivantes pour vous aider à raffiner votre réponse.

Selon les règles de bienséance:

a) ces règles relèvent de l'esthétique et de la morale;

b) il faut éviter le réalisme qui peut choquer (duel, sang);

c) les personnages nobles doivent affronter des situations hors du commun;

d) ils doivent respecter les délicatesses des précieuses et des salons mondains;

e) ils évitent l'étalage des émotions intenses.

❺ Quels vers illustrent les formes suivantes du dialogue théâtral: stichomythies*, tirades, échanges plus équilibrés? Quels effets produisent-ils sur le lecteur et quelles étapes de la scène marquent-ils?

❻ Quelles distinctions Chimène fait-elle entre justice et vengeance, entre justice privée et justice d'État (v. 940 à 956)? Quelle conception de la morale en émerge-t-il?

❼ Dans les vers 985 à 992, expliquez comment les types de phrases, les effets de parallélisme* et le jeu des sonorités traduisent le tourment amoureux.

❽ Comment s'associent l'amour et la mort dans les propos des deux personnages? Quel engagement est pris par Chimène dans les vers 995 et 996?

❾ Cette scène fait-elle avancer l'action? Quelles sont sa place et sa fonction dans l'acte et dans la pièce? Quels registres y dominent (pathétique, épique, lyrique)?

* : *Cf.* Glossaire

⑩ Sujet : À partir de cet extrait, montrez que l'amour des deux jeunes gens est héroïque.

Pour élaborer le développement, vous pouvez tenir compte des aspects suivants.

Concernant Rodrigue :

- l'amour des deux jeunes gens apparaît profond et authentique ;
- c'est l'amour qui a poussé Rodrigue à venger son honneur, sans quoi il serait méprisé par Chimène ;
- cet amour le pousse à tendre son épée à Chimène pour qu'elle s'acquitte elle-même de son devoir ;
- Rodrigue incarne l'exaltation et la fougue de la jeunesse : après avoir répondu à l'appel de son père, il accourt chez sa maîtresse pour lui offrir sa vie.

Concernant Chimène :

- elle approuve le geste de Rodrigue et reconnaît le sacrifice fait pour accomplir son devoir ;
- elle se montre digne de lui en demandant justice auprès du roi ;
- en poursuivant Rodrigue, malgré l'amour qu'elle continue à éprouver à son égard, elle montre la portée de son sacrifice.
  - Dans les deux cas, le devoir contraint cet amour au dépassement.
  - L'amour héroïque est fondé sur l'estime réciproque.

Jean Racine, *Phèdre*
acte II, scène 5 (extrait)

Dans sa célèbre tragédie à sujet inspiré de la tragédie antique, Racine met en scène l'amour interdit et maudit de l'épouse de Thésée, Phèdre, pour son beau-fils Hippolyte, qui aime secrètement la jeune princesse Aricie. Pendant l'absence de Thésée dont on a par erreur annoncé la mort, Phèdre va déclarer sa flamme à Hippolyte. Elle lui fait un premier aveu déguisé. Puis, devant la réaction indignée d'Hippolyte, elle se dévoile.

HIPPOLYTE

Madame, pardonnez. J'avoue, en rougissant,

Que j'accusais à tort un discours innocent.

Ma honte ne peut plus soutenir votre vue ;

Et je vais...

PHÈDRE

Ah ! cruel, tu m'as trop entendue[1].

Je t'en ai dit assez pour te tirer d'erreur.

Hé bien ! connais donc Phèdre et toute sa fureur[2].

J'aime. Ne pense pas qu'au moment que je t'aime,

Innocente à mes yeux, je m'approuve moi-même ;

Ni que du fol amour qui trouble ma raison

Ma lâche complaisance ait nourrit le poison.

Objet infortuné des vengeances célestes,

Je m'abhorre[3] encor plus que tu ne me détestes.

Les dieux m'en sont témoins, ces dieux qui dans mon flanc

Ont allumé le feu fatal à tout mon sang,

Ces dieux qui se sont fait une gloire cruelle

De séduire[4] le cœur d'une faible mortelle.

Toi-même en ton esprit rappelle le passé.

C'est peu de t'avoir fui, cruel, je t'ai chassé.

J'ai voulu te paraître odieuse, inhumaine ;

Pour mieux te résister, j'ai recherché ta haine.

De quoi m'ont profité mes inutiles soins ?

Tu me haïssais plus, je ne t'aimais pas moins.

Tes malheurs te prêtaient encor de nouveaux charmes[5].

J'ai langui, j'ai séché, dans les feux, dans les larmes.

1. **trop entendue** : trop bien comprise. 2. **toute sa fureur** : sa folie amoureuse.
3. **je m'abhorre** : je me hais. 4. **séduire** : perdre, détourner du droit chemin.
5. **charmes** : pouvoirs de séduction.

Il suffit de tes yeux pour t'en persuader,

Si tes yeux un moment pouvaient me regarder.

Que dis-je ? Cet aveu que je viens de faire,

Cet aveu si honteux, le crois-tu volontaire ?

Tremblante pour un fils que je n'osais trahir,

Je te venais prier de ne le point haïr.

Faibles projets d'un cœur trop plein de ce qu'il aime !

Hélas ! je ne t'ai pu parler que de toi-même.

Venge-toi, punis-moi d'un odieux amour.

Digne fils d'un héros qui t'a donné le jour,

Délivre l'univers d'un monstre qui t'irrite.

La veuve de Thésée ose aimer Hippolyte !

Crois-moi, ce monstre affreux ne doit point t'échapper.

Voilà mon cœur. C'est là que ta main doit frapper.

Impatient déjà d'expirer son offense,

Au devant de ton bras je le[6] sens qui s'avance.

Frappe. Ou si tu le crois indigne de tes coups,

Si ta haine m'envie[7] un supplice si doux,

Ou si d'un sang trop vile ta main serait trempée,

Au défaut de ton bras prête-moi ton épée.

Donne[8].

ŒNONE

      Que faites-vous, Madame ? Justes dieux !

Mais on vient. Évitez des témoins odieux ;

Venez, rentrez, fuyez une honte certaine.

Jean Racine, *Phèdre,* extrait de la scène 5 de l'acte II, 1677.

6. le : représente « mon cœur ». **7. m'envie** : me refuse. **8.** Phèdre arrache son épée à Hippolyte.

Questionnaire sur le texte de Racine

❶ Quelles sont les étapes de l'aveu ? Comment se termine-t-il ?

Pour répondre à cette question, appuyez-vous sur certains changements concernant :

- la ponctuation,
- le temps et le mode des verbes.

❷ Dans cette tirade, les procédés de style utilisés expriment la violence. Montrez-le.

❸ À partir de cette tirade, relevez les champs lexicaux de la passion et de la culpabilité.

❹ Que peut-on déduire du personnage de Phèdre à la suite de la lecture de cet extrait ?

Edmond Rostand, *Cyrano de Bergerac* acte V, scène 5 (extrait)

Cyrano de Bergerac, comédie héroïque en vers d'Edmond Rostand, met en scène le personnage de Cyrano, cadet de Gascogne brillant, généreux et poète, mais disgracié par sa laideur. Secrètement amoureux de la belle Roxane, il sacrifie son amour en prêtant sa plume à son rival Christian qui cherche à séduire Roxane, qui l'épousera finalement. Du siège d'Arras où ils sont envoyés, Cyrano continue d'écrire pour Christian des lettres à Roxane, mais Christian est tué. Quinze ans plus tard, Cyrano vient toujours visiter Roxane retirée dans un couvent. Dans cet extrait de scène du dénouement*, il vient d'être blessé à mort et lui rend une ultime visite en lui cachant son état : il lui demande la dernière lettre de Christian qu'il se met à lire.

ROXANE

Ouvrez... lisez !...

Elle revient à son métier, le plie, range ses laines.

CYRANO, *lisant.*

« *Roxane, adieu, je vais mourir !...* »

ROXANE, *s'arrêtant, étonnée.*

Tout haut ?

161

* : *Cf.* Glossaire

CYRANO, lisant.

« C'est pour ce soir, je crois, ma bien-aimée !

« J'ai l'âme lourde encor d'amour inexprimée,

« Et je meurs ! Jamais plus, jamais mes yeux grisés,

« Mes regards dont c'était... »

ROXANE

Comme vous la lisez,

Sa lettre !

CYRANO, continuant.

« ... dont c'était les frémissantes fêtes

« Ne baiseront au vol les gestes que vous faites :

« J'en revois un petit qui vous est familier

« Pour toucher votre front, et je voudrais crier... »

ROXANE, troublée.

Comme vous la lisez, – cette lettre !

La nuit vient insensiblement.

CYRANO

« Et je crie :

« Adieu !... »

ROXANE

Vous la lisez...

CYRANO

« Ma chère, ma chérie,

« Mon trésor... »

ROXANE, rêveuse.

D'une voix...

CYRANO

« Mon amour !... »

ROXANE

D'une voix...

Elle tressaille.

162

Mais... que je n'entends pas pour la première fois !

Elle s'approche tout doucement, sans qu'il s'en aperçoive, passe derrière le fauteuil, se penche sans bruit, regarde la lettre. –

L'ombre augmente.

CYRANO

« Mon cœur ne vous quitta jamais une seconde,

« Et je suis et serai jusque dans l'autre monde

« Celui qui vous aima sans mesure, celui... »

ROXANE, *lui posant la main sur l'épaule.*

Comment pouvez-vous lire à présent ? Il fait nuit.

Il tressaille, se retourne, la voit là tout près, fait un geste d'effroi, baisse la tête. Un long silence. Puis, dans l'ombre complètement venue, elle dit avec lenteur, joignant les mains :

Et pendant quatorze ans, il a joué ce rôle

D'être le vieil ami qui vient pour être drôle !

CYRANO

Roxane !

ROXANE

C'était vous.

CYRANO

Non, non, Roxane, non !

ROXANE

J'aurais dû deviner quand il disait mon nom !

CYRANO

Non ! ce n'était pas moi !

ROXANE

C'était vous !

CYRANO

Je vous jure...

163

ROXANE

J'aperçois toute la généreuse imposture :
Les lettres, c'était vous...

CYRANO

Non !

ROXANE

Les mots chers et fous,

C'était vous...

CYRANO

Non !

ROXANE

La voix dans la nuit, c'était vous.

CYRANO

Je vous jure que non !

ROXANE

L'âme, c'était la vôtre !

CYRANO

Je ne vous aimais pas.

ROXANE

Vous m'aimiez !

CYRANO, *se débattant.*

C'était l'autre !

ROXANE

Vous m'aimiez !

CYRANO, *d'une voix qui faiblit.*

Non !

ROXANE

Déjà vous le dites plus bas !

CYRANO

Non, non, mon cher amour, je ne vous aimais pas !

Edmond Rostand, *Cyrano de Bergerac*, extrait de la scène 5 de l'acte V, 1897.

Questionnaire sur le texte de Rostand

❶ Quel est le sentiment avoué dans ce texte ? Relevez le champ lexical qui s'y rattache.

❷ Analysez les étapes et la progression de l'aveu.

❸ Qu'est-ce qui provoque un tel aveu dans cette scène ?

❹ À la suite de la lecture de cette scène, que peut-on déduire des deux personnages en présence (leur caractère, leur passé, leur relation, etc.) ?

.... **Vers la rédaction – Analyse croisée** ....

❶ Sujet : Dans les trois textes, les personnages font un aveu. Montrez qu'ils sont tiraillés par des sentiments contradictoires : d'un côté la passion intense et de l'autre, un sentiment de culpabilité. Justifiez votre réponse en l'illustrant d'exemples et de citations tirés des trois textes.

• Appliquez-vous à rédiger votre texte en suivant les règles de la dissertation.

En outre, tenez compte des conseils suivants :

• **En introduction,** n'oubliez pas de présenter les extraits et de les résumer.

• **Pour le développement :** tenez compte de certains éléments qui se rapportent particulièrement à la scène de l'aveu.

  – La scène d'aveu constitue un type de scène classique au théâtre, où la parole est action.

  – Un personnage avoue soit une faute, soit des sentiments interdits ou irréalisables qui se heurtent à l'obstacle d'une loi morale ou sociale.

  – L'aveu informe un destinataire qui peut être un confident ou l'intéressé, mais aussi le public, c'est la double énonciation.

- Il constitue un ressort dramatique essentiel, différent selon qu'il fait partie de l'exposition, des péripéties ou du dénouement.

- Il peut être « arraché » à celui qui avoue, échappé par le protagoniste ou provoqué par un départ ou l'approche de la mort.

- Le registre de l'aveu peut être tragique, comique, lyrique ou pathétique, selon qu'il s'agit d'une tragédie, d'une comédie ou d'un genre mêlé.

- Il faut aussi tenir compte de certaines caractéristiques de la passion :
  - l'amour dégénère parfois en obsession ;
  - au XVIIe siècle, la passion est parfois accompagnée de la fatalité, d'où le sentiment d'impuissance qui s'y rattache ;
  - la passion est parfois accompagnée d'une affectivité violente qui peut nuire à la raison ;
  - elle peut être accompagnée de violence, de souffrance, de haine ou de désir de vengeance ;
  - elle peut être aussi sacrifiée pour l'honneur, la gloire et le devoir ;
  - devant les obstacles qui séparent la passion de son objet, elle s'exprime parfois par des gémissements désespérés.

- Tenez compte également de certaines caractéristiques de la culpabilité :
  - la culpabilité s'apparente à un combat psychologique et moral que le héros doit livrer contre lui-même ;
  - des sentiments contradictoires pèsent sur les personnages.

- **En conclusion**, présentez une synthèse de *votre argumentation* personnelle et non de celle des auteurs étudiés.

Corneille, *Le Cid*, acte IV, scène 3

Extrait, pages 108 à 112, vers 1257 à 1328

❶ Situez l'extrait et expliquez son importance dans la pièce par rapport à ce qui précède et à ce qui suit.

a) Rodrigue fait le récit de son combat contre les Mores.

   a. Pourquoi Rodrigue raconte-t-il en détail le combat ?

   b. Présentez les étapes de ce combat en donnant un titre à chaque partie.

   c. Montrez que c'est le registre épique qui est utilisé dans ce récit.

   d. Quels sentiments ont éprouvé Rodrigue et ses compagnons en combattant les Mores ?

b) Quel temps domine dans cette tirade et en quoi cela influe-t-il sur son rythme ?

c) Quel champ lexical prédomine dans cette tirade ?

d) Quelle est la figure de style utilisée dans le vers 1273 ? Quel effet produit-elle sur le récit ?

e) Relevez les expressions qui se rapportent aux champs lexicaux de la lumière et du bruit. Quels effets produisent-elles sur la narration ?

f) Quelle est la valeur du présent de l'indicatif, utilisé dans cette tirade ?

g) Relevez d'autres procédés formels qui se rapportent au registre épique.

❷ Pour le sujet suivant, faites le plan et le développement de la dissertation.

Sujet : Montrez que cet extrait présente les caractéristiques de la poésie épique.

Dans votre développement, vous pouvez tenir compte des éléments qui suivent.

- Le terme *épique* vient du grec et veut dire « la parole célébrant les exploits d'un héros ».
- Le personnage central du texte épique est le héros.
- Cette poésie est dominée par l'amplification (le nombre d'adversaires, la situation exceptionnelle).
- L'abondance des verbes d'action pour mettre en relief le mouvement et les exploits.
- Des images de grandeur s'y succèdent.
- L'intervention des éléments de la nature.
- Les hyperboles produisent un effet d'agrandissement.
- Cette poésie épique est au service du roi.

Corneille, *Le Cid*, acte V, scènes 5 et 6
Dernier extrait, pages 131 à 134, vers 1705 à 1772

❶ Situez l'extrait et expliquez son importance dans la pièce par rapport à ce qui précède et à ce qui suit.

❷ Dans la scène 5, à quelle conclusion arrive inévitablement Chimène en voyant Don Sanche se présenter chez elle avec son épée ?

❸ Comment se comporte-t-elle avec lui ?

❹ Quel est l'intérêt dramatique de ce quiproquo ?

❺ Vers qui se dirige-t-elle dans la scène 6 ?

.... **Vers la rédaction** ....

❻ Analysez le comportement des deux personnages en présence dans la scène 5 et montrez la vision de l'amour qui s'en dégage.

Vous pouvez vous inspirer des éléments qui suivent.

- Don Sanche tente sa chance auprès de Chimène en lui offrant son épée.
- L'amour qu'il éprouve pour Chimène n'est pas partagé.
- La méprise oblige Chimène à avouer publiquement sa passion envers Rodrigue.
- L'amoureux éconduit est l'objet de reproches et d'injures de la part de Chimène.

L'étude de l'œuvre dans une démarche plus globale

La démarche proposée ici peut précéder ou suivre l'analyse par extrait. Elle apporte une connaissance plus synthétique de l'œuvre ; elle met l'accent sur la compréhension du récit dans son entier. Les deux démarches peuvent être exclusives ou complémentaires.

Pour chacun des cinq actes de la pièce, adoptez la démarche suivante, qui tient compte des composantes du texte dramatique, soit :

a) l'intrigue ;

b) les personnages ;

c) la thématique ;

d) l'organisation, le style et la tonalité de la pièce.

Intrigue

❶ Faites le résumé de chacun des actes de la pièce à l'aide des questions suivantes.

a) **Qui ?** Quels sont les personnages présents ?

b) **Quoi ?** Qu'apprend-on sur eux ? Que font-ils ? Quel est l'état de leurs relations ?

c) **Quand** et **où ?** Quelle est la situation exposée et dans quel contexte ?

d) **Comment ?** Quelles relations s'établissent entre les personnages ?

e) **Pourquoi ?** Quel est l'objet de leur quête ? Quels moyens prennent-ils pour atteindre ce but ?

Personnages

Les personnages principaux

❶ Au fil de la pièce, comment évoluent les personnages principaux, soit Rodrigue et Chimène ? Quel portrait peut-on faire d'eux ?

Pour répondre à ces questions, suivez la démarche proposée.

a) Établissez la description de Rodrigue et de Chimène relativement aux aspects suivants :

   a. physique ;

   b. psychologique ;

   c. reliés aux valeurs associées à leur situation sociale ;

   d. reliés à leurs devoirs ;

   e. reliés à la conquête de soi pour atteindre l'héroïsme.

b) Observez leur comportement, dans chaque acte, sinon dans chaque scène, à l'aide des questions qui suivent.

   a. Que pense chacun d'eux ?

   b. Que disent-ils ?

   c. Que font-ils ?

   d. Comment se comportent-ils avec les autres personnages ? Où se situent-ils les uns par rapport aux autres dans leurs liens avec les autres personnages (donc tout ce qui est en rapport avec l'aspect dynamique de leurs relations) ?

   e. Comment évoluent-ils d'un acte à l'autre ? Qu'apprend-on de nouveau, globalement, sur eux ?

❷ Dans la conception du personnage, quel est l'effet souhaité sur le lecteur ? Suivent des sous-questions qui vous aideront à raffiner votre réponse.

a) Lesquelles des caractéristiques suivantes, souvent attribuées au héros cornélien (homme ou femme), sont présentes dans la pièce ?

a. Il ne doit pas hésiter à venger l'honneur de la famille.

b. Il est disposé à sacrifier son amour.

c. Il écarte la tentation de se suicider.

d. Il demeure digne de celui ou de celle qu'il aime, même s'il ne lui est plus possible de l'épouser.

e. Sa passion pour celui ou celle qu'il aime est profonde.

f. Une certaine conception chevaleresque de l'amour rappelle celle du Moyen Âge.

g. C'est un sujet loyal au roi.

h. Il triomphe de tous les obstacles.

Justifiez vos choix.

b) Trois duels différents sont présentés dans *Le Cid*. Cernez les caractéristiques de chacun d'eux à travers la pièce de théâtre. Justifiez chaque fois vos réponses.

Vous pouvez parfaire votre réponse en mettant les aspects suivants à contribution.

- Le premier duel est celui de l'honneur (acte II, scène 2). Richelieu cherchait à supprimer cette liberté féodale (référence à l'époque de Corneille).

- Le deuxième, aussitôt interdit par le roi, est le duel «ouvert». Pour le souverain, la perte d'un de ses meilleurs combattants affaiblira son royaume (acte IV, scène 5).

- Le troisième est le duel judiciaire : vieille coutume qui consiste à punir un homme alors que le roi ne voulait pas le faire pour des raisons politiques ou autres.

Les personnages secondaires

❶ a) Au fil de la pièce, quel rôle Corneille attribue-t-il à chacun de ses nombreux personnages secondaires, soit :

Elvire, l'Infante, Léonor, Don Diègue, le comte (Don Gomès) ?

Don Fernand, Don Arias, Don Sanche, Don Alonse ?

b) Quel(s) effet(s) produit chaque personnage de la pièce sur le lecteur ? Tenez compte des possibilités suivantes et justifiez votre réponse :

  a. l'inquiétude ;

  b. le respect ;

  c. la compassion ;

  d. la violence ;

  e. la surprise ;

  f. la pitié ;

  g. la sensibilité, etc.

Thématique

❶ Parmi les éléments suivants, dégagez les réseaux thématiques (ou le thème) qui semblent prédominer dans chacun des actes de la pièce :

  a) l'amour ;

  b) la vengeance ;

  c) l'honneur ;

  d) l'héroïsme ;

  e) la loyauté au souverain.

Justifiez vos choix.

Organisation de la pièce, style et tonalité

❶ Le premier acte correspond-il aux caractéristiques suivantes de l'exposition ?

  a) Fournir des indices sur la condition sociale des personnages et les relations entre eux.

b) Situer le lieu et l'époque.

c) Donner des indices sur la nature de l'intrigue.

d) Appréhender la suite des événements.

Expliquez votre réponse.

❷ Où peut-on situer le nœud de l'intrigue ? Justifiez votre choix.

❸ Par rapport au dénouement,

a) Peut-on dire qu'il dénoue les fils de l'intrigue ?

b) Crée-t-il un effet de surprise ou était-il attendu ?

c) S'agit-il d'une fin tragique ou heureuse ?

Sujets d'analyse et de dissertation

Plusieurs pistes d'analyse portant sur l'œuvre complète sont maintenant accessibles, et certaines plus faciles à emprunter que d'autres. Pour favoriser votre progression vers le plan, les premiers sujets ont été partiellement planifiés (comme suggestion d'exercices : compléter ou détailler ces plans) ; en revanche, les derniers sujets laissent toute la place à l'initiative personnelle.

❶ **Au fil de la pièce, comment évolue le personnage de Chimène ? Quel portrait peut-on faire d'elle ?** Faites la description de Chimène en tenant compte des aspects suivants :

- sa situation familiale ;
- ses valeurs ;
- sa relation avec Rodrigue ;
- son conflit et son déchirement ;
- sa passion ;
- son devoir.

Sujets d'analyse et de dissertation

❷ Montrez que Rodrigue et Chimène illustrent les attributs de la jeunesse. Esquisse de plan pour le développement.

Introduction

Sujet amené : puisez une idée dans la biographie de Corneille.

Sujet posé : reformulez le sujet en mettant en relief les valeurs associées à la jeunesse.

Sujet divisé : prévoyez un court résumé et annoncez les idées directrices des trois paragraphes du développement.

Développement

- Dans le premier paragraphe, montrez, à travers les personnages, la fougue de la jeunesse et son culte de l'honneur. N'oubliez pas que l'amour est inséparable de l'estime et de la gloire.

- Dans le deuxième paragraphe, montrez ce qui pousse les personnages à se dépasser et à franchir tous les obstacles.

- Dans le troisième paragraphe, montrez la force de caractère de ces personnages, qui apparaissent comme de véritables chefs sauvegardant les intérêts de l'État.

Conclusion

- Idée synthèse : voyez à maintenir l'intérêt du lecteur.
- Idée d'ouverture : allez chercher une idée dans la description de l'époque.

❸ Bien que Rodrigue et son père, Don Diègue, partagent la même valeur, en l'occurrence l'honneur, ils présentent des attitudes morales différentes sur certains points. Démontrez-le en donnant des exemples.

Voici quelques sous-questions pour vous aider à dégager les idées directrices de votre sujet.

- La morale de Don Diègue est-elle restée féodale ?
- Comment conçoit-il l'amour ?

- Où, selon lui, faut-il rechercher la gloire ?
- Comment Rodrigue conçoit-il la gloire ?
- Quelle est l'importance de l'amour pour lui ?
- À quel idéal faut-il rester fidèle ?

❹ **Don Diègue et Don Gomès incarnent deux visions différentes du pouvoir et du devoir.** Montrez-le.

❺ **Dans *Le Cid*, Corneille interprète largement les règles de bienséance du XVIIe siècle.** Montrez-le.

❻ **Quelle conception de l'honneur et de l'amour partagent Chimène et Rodrigue ?**

❼ **Bien que *Le Cid* se déroule au XIe siècle et mette en scène une histoire espagnole, des allusions à la politique du XVIIe siècle sont toutefois présentes tout au long de la pièce.** Montrez-le en vous référant à la description de l'époque, au début du livre.

❽ **Analysez la conception des personnages de Don Sanche et de l'Infante en montrant ce qui, chez eux, est semblable ou différent.**

❾ **À partir de la pièce de théâtre *Le Cid*, comment pouvez-vous décrire le héros cornélien ?**

❿ ***Le Cid* n'a pas perdu de son prestige tout au long des siècles. En quoi Rodrigue peut-il encore séduire le public du XXIe siècle ?**

⓫ **Expliquez le rôle joué par les personnages suivants : Don Gomès, Don Diègue et Don Sanche.**

⓬ **En vous référant au contexte politique exposé au début du livre, montrez que *Le Cid* est une œuvre de transition, représentant une nouvelle forme du pouvoir.**

⓭ **Quelle conception de l'amour Corneille présente-t-il dans *Le Cid* ?**

⓮ **Étudiez la représentation des femmes dans *Le Cid*.**

⓯ **Montrez l'audace de Corneille qui propose, à travers Rodrigue, une certaine forme d'autonomie de l'individu.**

Glossaire

Pour étudier le théâtre : lexique de base et autres termes

Acte : séparation du texte qui correspond à une étape du déroulement de l'action.

Adoubement : cérémonie au cours de laquelle le jeune noble était fait chevalier, recevait des armes et un équipement. [Adoubé : chevalier armé lors de la cérémonie de l'adoubement.]

Antithèse : figure de style qui consiste à rapprocher deux expressions contraires de façon à mettre leur opposition en valeur par un double effet de symétrie* et de contraste.

Bienséance : usages à respecter, dans une pièce classique, pour ne pas heurter les goûts et les préjugés du public, en évitant paroles, situations et idées qui peuvent choquer.

Champ lexical : ensemble de termes (de classes grammaticales identiques ou différentes) se rapportant à la même idée ou notion.

Confident : dans le théâtre classique, personnage à qui le héros se confie, permettant ainsi au spectateur de connaître les intentions secrètes de ce dernier.

Délibératif : voir monologue délibératif.

Dénouement : fin d'une pièce où se résout le nœud de l'intrigue après la disparition des obstacles. Il fixe le sort des personnages principaux.

Dilemme : choix impossible ou très difficile à faire.

Dramatique : qui est propre à l'action théâtrale.

Dramatique [action] : enchaînement logique des événements mis en œuvre dans une représentation théâtrale.

Élégiaque : dérivé de *élégie*, chant de deuil destiné à pleurer la perte d'un être cher.

Énonciation : acte par lequel est produit l'énoncé dans une situation précise, par un locuteur et pour un destinataire. La situation d'énonciation répond aux questions : « Qui parle ? », « À qui ? », « Comment ? », « Quand ? » et « Où ? ». On repère les indices d'énonciation ou marques de cette situation dans l'énoncé.

Épique : voir Registre.

Exposition : début d'une pièce de théâtre qui donne les informations nécessaires au spectateur sur le lieu, le temps, l'action, et qui présente les personnages et leurs projets.

Héroïsme : dans la tragédie classique, le héros est toujours de condition illustre. Déchiré entre le sublime et l'humain, face à un dilemme sans issue, souvent écrasé par le destin, il se montre capable d'erreur et pourtant digne de pitié. Il vise à une forme de dépassement et revendique sa liberté dans un combat dont il sort grandi. C'est ce cheminement douloureux qui caractérise l'héroïsme dans la tragédie.

Glossaire

Homme (Honnête): idéal d'homme propre au XVIIe siècle. Homme du monde agréable et distingué par les manières et par l'esprit, qui se conforme aux règles de la morale mondaine.

Hyperbole: figure de style qui consiste à exagérer la réalité.

Jansénisme: au XVIIe siècle, forme de puritanisme religieux selon lequel Dieu est Celui qui choisit ses élus.

Lexical: voir Champ lexical.

Lyrique: voir Registre.

Métaphore: figure de style qui rapproche deux objets ou deux idées sans outil de comparaison.

Monologue: discours d'un personnage de théâtre qui est sur scène et qui s'adresse à lui-même ou à un interlocuteur imaginaire.

Monologue délibératif: discours qui consiste à envisager différentes possibilités afin d'aboutir à un choix personnel et argumenté.

Oratoire: caractéristique stylistique d'un discours éloquent.

Parallélisme: figure de style qui consiste en une succession de structures de phrases identiques ou semblables.

Paroxysme: le plus haut degré d'une sensation ou d'un sentiment.

Pathétique: voir Registre.

Péripétie: coup de théâtre qui modifie soudainement la situation en apportant un élément nouveau; moment clé où l'action se retourne et court au dénouement.

Phrase (type de): le type d'une phrase peut être déclaratif ou assertif (exprime une certitude), injonctif (exprime un ordre), interrogatif (exprime un questionnement) ou exclamatif (exprime une attitude affective du locuteur à l'égard de son énoncé).

Pièces à machines: pièces à grands spectacles qui traitent souvent de sujets tirés de la mythologie, accompagnées de musique, comportant des changements de décors et des effets de mise en scène.

Précieux: caractéristique d'un courant social et littéraire du début du XVIIe siècle, orienté vers le raffinement des mœurs et du langage.

Procédé stylistique: travail sur la forme du message visant à en renforcer le sens.

Protagoniste: acteur qui a un rôle principal.

Quiproquo: méprise ou erreur d'un personnage sur une personne ou une situation. Il s'agit souvent d'un faux obstacle que le héros prend pour un vrai. Le quiproquo repose aussi sur la supériorité du spectateur qui possède la clé de ce malentendu.

Registre : manifestation dans le langage de l'émotion produite par un texte sur la sensibilité du lecteur : émouvoir, faire pleurer (registre **pathétique**), exprimer ses sentiments personnels **(lyrique)**, exprimer et provoquer de la peur **(fantastique)**, critiquer sérieusement **(polémique)**, critiquer plaisamment **(satirique** et **ironique)**, faire rire **(comique)**, amplifier un événement **(épique)**. Les registres sont en relation avec un genre : comédie et registre comique, épopée et registre épique, poésie lyrique et registre lyrique.

Règle des trois unités : principe d'unité d'une pièce classique se déclinant en trois règles : l'unité d'action (qui concentre l'action sur l'intrigue principale), l'unité de temps (qui resserre les faits dans les limites de 24 heures), l'unité de lieu (qui installe l'action dans un espace unique et polyvalent).

Rythme, rythmique : organisation du rythme d'un vers selon l'accent rythmique, la coupe et la césure, ou d'un groupe de vers selon les enjambements, rejets et contre-rejets.

Sentence : pensée à caractère moral, exprimée d'une manière dogmatique et littéraire.

Stance : forme de monologue lyrique dont la structure poétique présente une suite de strophes hétérométriques, terminées chacune par une chute, avec une seule idée par strophe.

Stichomythie : dialogue composé de courtes répliques de même longueur où chacune s'oppose à la parole de l'interlocuteur.

Symétrie (effet de) : correspondance ou similitude dans un texte entre deux termes ou deux constructions de phrases ou de vers.

Tirade : longue réplique d'un personnage, toujours très organisée.

Tonalité : voir *Registre*.

Versification : ensemble de règles qui régissent le vers régulier : types divers et organisation des strophes, longueur des vers, catégories de rimes et de sonorités, rythme du vers.

Vraisemblance : le dramaturge ne doit pas montrer ce qui s'est réellement passé, mais ce à quoi on peut s'attendre, selon l'idée que l'on se fait du vrai, en respectant la bienséance.

Bibliographie, discographie, filmographie

Bibliographie

Œuvres de Corneille

– Corneille, *Œuvres complètes*, Garnier-Flammarion, 1980
(t. II : *Horace*, *Cinna*, *Polyeucte*).
– Corneille, *Le Cid*, coll. « Classiques Larousse », Larousse, 1959.
– Corneille, *Le Cid*, coll. « Le Livre de poche », L.G.F., 2001.
– Corneille, *Le Cid*, coll. « Classiques Hachette », Hachette, 1991.
– Corneille, *L'illusion comique*, coll. « Bibliolycée », Hachette, 2003.

Ouvrages sur Corneille et son œuvre

– Alain Couprie, *Pierre Corneille*, « *Le Cid* », coll. « Études littéraires »,
PUF, 1989.
– Serge Doubrovsky, *Corneille et la dialectique du héros*, coll. « Tel »,
Gallimard, 1982.
– Georges Forestier, *Le Cid*, coll. « Textes et Contextes »,
Magnard, 1988.

Pour mieux comprendre le théâtre classique

– Christian Biet, *La tragédie*, Armand Colin, 1997.
– Alain Couprie, *Le théâtre*, coll. « 128 », Nathan Université, 1995.
– Georges Forestier, *Introduction à l'analyse des textes classiques*,
coll. « 128 », Nathan Université, 1995.
– Michel Pruner, *L'analyse des textes de théâtre*, coll. « 128 »,
Nathan Université, 2001.
– Jacques Scherer, *La dramaturgie classique en France*, Nizet, 1962.

Pour mieux comprendre le contexte de l'œuvre

– Paul Bénichou, *Morales du Grand Siècle*, Gallimard, 1948.

– Molière, *Dom Juan*, coll. « Grands Textes », Les Éditions CEC inc., 2008.

– Molière, *Dom Juan*, coll. « Bibliolycée », Hachette, 2002.

– Racine, *Théâtre complet*, coll. « Le Livre de poche », L.G.F. (*Andromaque*, *Phèdre*, *Iphigénie*, *Britannicus*).

– Racine, *Phèdre*, coll. « Bibliolycée », Hachette, 2002.

– Racine, *Britannicus*, coll. « Bibliolycée », Hachette, 2003.

– Céline Thérien, *Anthologie de la littérature d'expression française*, tome 2, Les Éditions CEC inc., 2006.

Discographie

– Coffret « Corneille », *Horace*, *Cinna*, *Polyeucte*, *Nicomède*, *Le Cid*, 10 CD, Comédie-Française.

– *Le Cid*, 2 CD, T.N.P. 1955, Hachette, Audivis, 1988.

– *Stances du « Cid »*, Gérard Philippe, 1946, CD et cassette.

– « Grandes scènes d'amour du théâtre français » : *Le Cid*, *Bérénice*, *Le misanthrope*, *Le jeu de l'amour et du hasard*, *Ruy Blas*, *Cyrano de Bergerac*, 1 CD, Audivis, 1988.

Filmographie

– *Le Cid* d'Anthony Mann (1961), avec Charlton Heston, dans le rôle de Rodrigue, et Sophia Loren, dans celui de Chimène.

Dans la même collection

Tristan et Iseut

BAUDELAIRE
Les Fleurs du mal

HUGO
Les Misérables

MOLIÈRE
Dom Juan
Les Femmes savantes

RACINE
Phèdre

VOLTAIRE
Candide
Zadig